「困り」解消！小学校英語ハンドブック

―どの子も分かる楽しさを味わえる小学校英語―

監修：多田　孝志（目白大学名誉教授）
編著：白石　邦彦・末原　久史
著：小学校英語と特別支援教育を語る会

目　次

- ■監修の言葉 …………………………………………………………………… 04
- ■第1章　教室にいる「子ども」は困っている
  - 第1節　今、教室では …………………………………………………… 08
    - ❶今の学校・学級 ……………………………………………………… 08
    - ❷子どもの「困り」 …………………………………………………… 09
    - ❸一人一人が輝く学級づくりを目指して
      - 〜「ふつう」を問い直す ………………………………………… 12

  - 第2節　小学校の外国語活動の実際 ………………………………… 15
    - ❶小学校外国語活動の実際 …………………………………………… 15
    - ❷これからの小学校における外国語活動 …………………………… 19
    - ❸小学校外国語活動で大切にしていること ………………………… 21

- ■第2章　特別な支援が必要な子どもと外国語活動
  - 第1節　特別支援教育の窓から外国語活動での支援を考える ……… 24

  - 第2節　子どものつまづきとは
    - 英語のゲームと「困り」解消アイデア ……………………………… 29
    - 「あるあるコラム」① ………………………………………………… 37
    - 「あるあるソング」①〜⑬ …………………………………………… 40
    - 「あるあるコラム」② ………………………………………………… 66
    - 「あるあるソング」⑭〜⑮ …………………………………………… 68
    - 「あるあるコラム」③ ………………………………………………… 72
    - 「あるあるソング」⑯〜⑲ …………………………………………… 74
    - 「あるあるコラム」④ ………………………………………………… 82
    - 「あるあるソング」⑳〜㉑ …………………………………………… 84

- ■第3章　英語で実践してみよう
  - 第1節　教材"Hi, Friends！"を活用して
    - 〜外国語活動の中の子どもの困り ………………………………… 90
    - ❶Hi, Friends！1 ……………………………………………………… 90
    - ❷Hi, Friends！2 ……………………………………………………… 96

第2節　英語のゲームと「困り」解消アイデア
〜教材"Hi,friens！"で扱う主なゲーム〜 ………… 102
　1　おはじきゲーム ………… 102
　2　キーワードゲーム、キーナンバーゲーム、キーアルファベットゲーム …… 103
　3　ジェスチャーゲーム ………… 104
　4　ステレオゲーム ………… 105
　5　チェーンゲーム ………… 106
　6　ポインティングゲーム ………… 107
　7　ミッシングゲーム ………… 108
　8　ラッキーカードゲーム ………… 109

第3節　学習指導案
「いろいろなものを数えよう」
〜コミュニケーションが苦手なC子さんの場合 ………… 110
「身の回りの物の言い方に慣れ親しむ」
〜気が散りやすい、集中することが苦手なAくんの場合 ………… 122

■第4章　小学校の外国語活動と中学校の英語科
これからの教科としての小学校外国語について ………… 134
　❶中学校でカリキュラムはこう接続する ………… 136
　❷中学校入門期（4・5月）はどんな学習をしているの？ ………… 137
　❸外国語活動で行った活動が中学校ではどう発展するの？ ………… 138
　❹入門期の「読むこと」の指導
　　〜外国語活動とどうつなげる？ ………… 143
　❺入門期の「書くこと」の指導〜書くことへの「困り」とは？ ………… 148
　❻小中連携を意識した活動にするための一歩は？ ………… 150

編集後記 ………… 155

監修の言葉

　本書は、白石邦彦先生はじめとする編集者の方々が、勇気と誇りを基調として編んだ労作である。

　小学校英語学習は、「英語への興味・関心を高め、小学校の英語教育の4技能（5領域）を向上させ、国際共通語としての英語の基礎力を高める」ことを目的としている。

　本書『"「困り」解消！小学校英語ハンドブック"どの子も分かる楽しさを味わえる小学校英語』には、グローバル時代・多文化共生社会に生きる人間を育む視点から，小学校英語学習の基本的な考え方が記述され，効果的な実践方法が紹介されている。

　本書で特に注目される3点について記したい。その第一は、子どもたちの実態にあった支援を基調にしている点である。「教育の真実は、事実として学習者を成長させること」にある。本書には、教室の現状を知悉する教育実践者たちが「子どもの困り」を把握し、「一人一人が輝く学級づくり」を希求し、英語学習における「子どものつまずき」の要因を見取り、的確な対応法が提示されている。ここに、本書に携わった人々の教師としての信念が感得できる。

　第二は、コミュニケーションの機能の広義なとらえ方である。言語・非言語表現により、相互の情報や知識、意見や感想などを「伝え合い・知らせ合う」ことにとどめず、一人では到達できない解や合意形成への手掛かりを生み出すこと、さらに、そのプロセスを通して、良好な人間関係を形成することと、国際共通語としての英語の基盤となるコミュニケーションの機能を広くとらえている。

　第三の、そして本書のきわだった先駆的な点は、感性の重視である。感性重視とは、具体的には、身体感覚・五感の活用、すなわち、触れる、見つめ合う、味わう、匂いを嗅ぐといった活動である。また、共感・イメージ力を錬磨し，活用することである。「通常の学級にいる特別な支援を必要とする子どもに焦点を当て、ちょっとした手助けで理解度を大きく上げられる外国語活動のハウツー本」を趣旨とする本書には、材との対話、子どもと教師、子ども同士の聴き合い、見取り合いの大切さが取り上げられ、具体的な手法が例示されている。自他の表現の鋭敏な感受は、言語学習の基盤であり、異文化間における相互理解・相互信頼を生起させる。そうした意味で、感性の重視は、国際共通語としての英語教育の基盤形成を促進する。

　本書は、特別支援教育の視点から、英語教育の在り方を示しているが、実は、広く、すべての子どもたちの言語学習に通底するグローバル時代の人間形成の方向を提示している。

本書を精読し、心揺さぶられるには、教師としての誇りと勇気が感得できるからに他ならない。本書の随所に、日常の地道な教育実践から生起する、勇気ある実践上の工夫や気づき・発見などの「実践の知」が記されている。英語学習の手引き書としてだけでなく、教育実践の原点を問い直すため、多くの方々に読んでいただきたい啓発の書である。

多田　孝志

第1章
教室にいる子どもは困っている

今、教室では

今の学校・学級

　最近、小学校・中学校では、「気になる子ども」が増えているとよく言われています。「多動で絶えず動き続けている」「教室を無断で飛び出してしまう」「先生の話を最後まで聞いていられない」「話がうまくかみあわない」「友達を叩いてしまう」「集団での行動が苦手で、整列していられない」「自分の持ち物を片付けられない」「嫌なことがあると大きな声で騒いでしまう」「板書を書き写すことが苦手」などの特性がある子どもについてです。

　平成24年に文部科学省が実施した「通常の学級に在籍する発達障害の可能性のある特別な教育的支援を必要とする児童生徒に関する調査結果について」によれば、知的な発達に遅れはないものの、学習面か行動面で何らかの困難を持つ児童や生徒は、調査対象全体の6.5％いることが明らかになりました。この調査は教師の主観に基づくものではありますが、この調査結果を基に考えると、40人学級では、1クラスあたり2〜3人の割合となります。また、平成16年に公布された「発達障害者支援法」にて、児童の発達障がいの早期発見と支援が求められたこと、「障害者の権利に関する条約」の批准、「障害を理由とする差別の解消の推進に関する法律」の施行もあり、学校では、こうした特性のある子どもへの適切な支援の必要性が求められるようになり、強い期待が寄せられているところです。

　従来から、学校や教師は子ども一人一人が自分の力を発揮し、授業の中で学び合っていく姿を目指しているものの、一斉指導に乗り切れない子どもへの対応に悩んできました。このような状況の中、平成19年度から始まった「特別支援教育」は、様々な特性のある子どもへの支援を考えていく契機となりました。しかし、この9年間の取り組みの中で、特別支援教育コーディネーター、校内支援委員会、個別の指導計画については、ほぼ100％実施できているとの報告はあるものの、教師からは、前述のような子どもたちの姿に苦慮していることや、個別支援を実施する上での困難さや支援員等の必要性があるなどの声が多くあがっているのが現状です。また、特別な支援が必要な児童生徒への支援について、制度上は整ってはきているものの、教師の中には、「通常の学級においては一定水準の理解力が求められる」、「通常の学級の授業を理解する能力が十分になければ、本人のためにも特別支援学級等の場で学ぶほうが良いのでは」等の思いがベースにある

ことも多く、戸惑いながら支援を続けている場合もあるようです。確かに、これらの考えは子どもの特性に基づき子どもの成長を真剣に検討した結果であると思われる部分もありますが、子どもが抱える困難さの解決に至っていないことも多くあるのではないでしょうか。

個人や小集団を対象とすることを中心に実践が積み重ねられてきた特別支援教育ではありますが、その中には、通常の学級で活動している様々な特性のある子どもたちへの支援のヒントがたくさん詰まっています。本書では、すべての子どもの成長のために、もう一度、特別支援教育の視点から支援方法を考えてみたいと思います。

子どもの「困り」

日々、教師は子どもたちへの適切な支援について悩んでいるところではありますが、一方で、子どもはどう感じているのでしょうか。

学校には、様々な特性のある子どもがいます。その中で教師から見てすぐにわかる行動特性や症状については気付いてもらえるのですが、子どもの情報の捉え方や言動は誤解を受けやすいこともあるため、子ども自身が抱えている困難さや辛さについては気付かれにくいことがあります。

小学校5年生のAさん（女子）は、Aさんが困っているように見えた時に、周囲が親切心から助言するとイライラした表情をすることが多く、助言を受け入れないことが多くありました。「いいの！かまわないで！」と相手を責めるような口調で応じることもありました。教師は、「そんな言い方はやめなさい」と注意することが多くあります。しかし、本人にとってはいたって普通の対応であり、何が問題なのか分からず、どうせ「自分はだめだ」と口にすることが増え、自信を失っている様子が多くなっています。本人は何に困っているのでしょうか。

また、小学校6年生のBさん（男子）は漢字の書き取りが苦手でした。Bさんは、文字や形の細部を認識することが難しいため誤字が多く見られ、文字がマス目からはみ出してしまうようなことが起こりやすいようでした。漢字の学習をする際、学校からはよく、各文字を20ずつ書いてくるような宿題がでることがあります。Bさんは、低学年で

は保護者と共に時間をかけて取り組んでいましたが、高学年になると取り組まないことが多くなりました。教師は、「本人のやる気の問題」「やればできるはず」と考え、Bさんに何度も指導を続けていますが、Bさんは漢字の練習だけでなく、他の授業場面でも意欲的に取り組む様子が見られなくなっています。本人は何に困っているのでしょうか。

（1）子どもは不安を感じています

このように、発達に偏りがある子どもは失敗経験を積み重ねがちであったり、対人関係でのトラブルを抱えてしまったりすることで、不安を高めてしまいやすいと言われています。強い不安を抱えている場合、本人がその不安を意識化し、言葉などでうまく表出できないと、不適切な行動や身体的な症状が表れてきます。このような子どもたちは、自分の気持ちのような抽象的な内容を理解することや自己を客観的に見  つめることに困難さがあり、自らが抱える不安をうまく意識化できないでいる場合が多いようです。そのため、何事にも消極的になってしまったり、場合によっては他者に対して攻撃的になってしまったりするなど、不適応行動として表面化してしまいやすくなります。このような状況では、当然、授業の中で提示される課題に取り組もうする意欲も低下します。発達に偏りのある子どもに懸念されるのは、こうした「二次障害」といわれるものです。小さい頃から落ち着きがない状態の子どもは家族に怒られることが多く、学校に行ってもいつも注意されて、本人の自己肯定感は失われるばかりといった状況になりがちです。また、周囲の人の気持ちを理解するのが難しい子どもの場合には誤解を受けたり、友人との間でトラブルが起きやすくなったりします。登校をしぶる例も少なくありません。

さらに、発達に偏りがあっても、学力の高い子どもや周囲に迷惑となる言動をとらない子どもの場合には、このような特性のある子だと周囲に気付かれず、十分な支援を受けられないまま大人になることもありますので注意が必要です。学力が高く、集団活動を阻害していなくても、子どもは様々な不安を抱えていることがあります。大人から見て、目立つ言動には支援があてられやすいのですが、子どもが表出しない内的体験や感情は子どもから訴えることが少ないため、本人は困ったままでいることがあるのです。このような子どもの場合、社会に出て人間関係や仕事上のトラブルを抱え大きく躓いた時に初めて、これまでに解決されてこなかった課題に気付くことになります。幼児期から適切な対応がなされなければ、大人になってからも、本人に不利な状況を引き起こすリスクを高めてしまうのです。教師は、子どもの特性を把握した上で、子どもが抱える不安を敏感に察知し、軽減できるよう支援し、自己肯定感を高めていくことで二次障害が起こらないよう支援することが必要

ですし、そのことが子どもの学習への意欲を高めることにもつながります。

（2）子どもの不安を軽減するための支援を

　大人はよく、子どもの表面化された行動にのみ注目してしまいがちです。しかし、このような不安を抱えている状態にある子どもたちに、「きちんとしなさい」、「そんなことをしてはいけません」と働きかけても、子どもはうまく言葉で表現できていないだけで、「間違ったことをしている」「このままではいけない」「直したい」という焦りがあるため、本人の不安をより高めてしまう危険性もあるのです。教師は子どもたちの行動の背景にある特性だけではなく、心理状態にも目を向けていくことを忘れてはいけません。

　子どもたちが、自分ではどうすることもできない気持ちを抱えている場合、その思いは単純なものではありません。複数の感情が、複雑にからみあっていることが多くあります。そして、その心の状態を冷静に客観視することも難しく、本人としても自分が何に追い詰められているのかを意識化できないこともあります。特に、発達に偏りがある子どもの場合には、「やりたい」、「やりたくない」、「すき」、「嫌い」など、自分の気持ちを二者択一的に表現しやすい傾向がみられます。友達のことは腹が立つけど、遊びたい気持ちにもなるといった、同時に複数の感情がぶつかり合っている状態が自分の中にあることを自覚できない場合もあるため、このような子どもの気持ちに大人が気付き、整理してあげる必要もあるでしょう。また、苦手だと感じる活動が連続することで、子どもの心の内部に押し込められた様々な思いを信頼できる大人（教師）に共有されないことが、活動に安心して参加することを阻害する一因となっている場合もあると思います。

　子どもの学ぶ気持ちを支えるためには、欠点をなくすことが重要ではなく、欠点を含めた自分を好きになることが大切ではないでしょうか。そのためには、それぞれの特性にあった支援を行い課題に取り組みやすくすることはもちろん、活動の中で本人ができることを大いに認めていくことで自己肯定感を高めることが必要です。特性にあった支援を行う中で、本人の苦手さを軽減するためのトレーニング的な要素も指導する必要が出てくることもありますが、その際には、本人の負担とならないように最小限にとどめておき、授業本来の目的に意欲的に向かっていけるよう、「楽しさ」を優先したほうがいいでしょう。また、教師は、「相談する」ということ自体が、不安を抱える子どもが最も苦手とするコミュニケーションであることを理解する必要があります。相談による成功体験と信頼関係を大切にしていくことが、子どもの自己解決力を高めていくことにつながります。学齢期に活動への意欲を高めることができれば、現在の授業に積極的に参加できるようになるだけではなく、成人してからも、多少の困難には自分から意欲的に立ち向かっていくことのできる素地となります。

子どもの不安を軽減するために

- 子どもの特性にあった支援を行い、課題に取り組みやすくすること
- 得意なことを認め、誉めていくこと
- 苦手なことを改善するためのトレーニング的な活動は最小限にすること
- 大人（教師）に相談し、助言を受けて成功したという経験を積み重ねること

⬇

自己肯定感を高められる支援へ

一人一人が輝く学級づくりを目指して　～「ふつう」を問い直す～

　発達障がいは関係障がいであるという視点があります。この点が整理されていないために、学校では混乱が起こるように思います。学校では、子どもに支援が必要な特性があることを認められた時に、それを「個」の問題として扱う傾向が強くなってしまうのではないでしょうか。

　前述したように、様々な特性のある子どもの中には、生得的に能力に差がある場合もあり、周囲の大人は育てにくさを感じ、育てていくことに不安や焦りを募らせやすい状況にあります。このような状況では、両者の関係は負の循環を生みやすくなっていきます。このような問題は、周囲との関係性・対人関係の取りにくさが課題となりやすい自閉症スペクトラム障がいにおいて最も顕著にみられているようですが、様々な特性のある子どもたちの発達に係る問題の大半は、このような周囲との関係性の課題とそれに基づく負の連鎖、循環が重なり合って引き起こされるものとみなす必要があると思います。

　学校では、子どもをそれぞれの個性・持ち味等を生かし周囲との関係性の中で育てていこうとする試みは日常的に行われており、新しい視点ではありませんが、様々な特性のある子どもたちに合わせた支援を充実させるために、もう一度考え直してみたいと思います。

　そもそも発達は土台が育ち、そこに積み重なるように展開していきます。発達に飛び級はありません。そのため、子ども側の発達の課題に認知の特徴や問題行動等の原因を求めても、短期間の成長がみられるわけではありませんので、大きな意味はありません。個と環境が交互に影響を及ぼし合いながら発達していくことを踏まえると、コミュニケーション

の難しさについて考えるときには、過去から現在にかけて対人関係がどのように形成されてきたかを検討する必要があります。学校では、対人関係の問題に対して、じっくりと支援を重ね、その変容過程を通して、心の育ちを検討していくことが、もっとも現実的な支援となります。

　通常の学級における「ふつう」とは何なのでしょうか。発達に偏りのある子どもの特徴を知っていくと、これまで無関係だと思っていた私たちにも、多かれ少なかれそれぞれの傾向を内包していることに気付くことがあります。自分の好きな趣味の話になると感情が高ぶり相手が興味をもっていないのに話し続けてしまったり、家族内で物の片付け方について違うこだわりがあるため、ちょっとした喧嘩になってしまったりすることはあるのではないでしょうか。誰にでも、「まちがって」はいないけれども、それが「ふつう」とはいいきれないと感じられる部分はもっているように思うのです。「ふつう」であるということ自体、その集団の中の平均に近いというだけの曖昧さをもっていることを忘れてはいけないでしょう。

　ここで、学校・教師が、困難さを抱える子どもの支援を考える時、どのような手順をふんでいるのか振り返ってみます。現在、多くの教師は発達障がい等の知識をある程度もっていますので、子どもの特性を可能な限りアセスメントしていると思います。そして、現状で行うことのできる精一杯の支援方法を実施します。初めは個別の支援を実施しますが、個別の支援だけでは十分な成果が得られず、環境面の工夫などの周囲への支援を検討していくことが多いと思います。しかし、それでも十分な成果がなかったり、さらに外部の専門家の意見を取り入れても大きな改善が見られなかったりすることで、行き詰ることもあるのではないでしょうか。そこで、前述した学校が考える「ふつう」について、検討を加えてほしいのです。つまり、課題の原因について個人やその場の環境のみに着目するのではなく、課題として認識している学校・教師の側に着目し、課題そのものをとらえなおそうとする試みが必要であると思うのです。本人の特性を考えた時に、今認識している課題に対して周囲が寛容になることで、課題を乗り越えることにつながる場合があるからです。これは、子ども本人にとって実現可能な目標を提示する試みであって、子どもへの甘やかしをすすめるものではありません。学校が子どもに最終的に期待する姿へ近付けていくための過程を、本人の状態に合わせて細やかに目標化する取組ともなります。「この学年では当然ここまでできる」と周囲が焦るのではなく、その子どもが今できることと今できないことを把握したうえで、子どもの言動を理解することが大切です。

　発達に特徴のある子どもも、いずれは社会人となります。同時に周りの子どもたちも、様々な価値観が交錯する社会で、日々、多くの人と出会いながら生きていくのです。世界には唯一の正解や完璧さだけが存在するわけではありません。現代を生きる子どもには、違いを排除するのではなく、それぞれを認め合いながら共生していけるような社会の構築を目

指すことができる大人になってほしいものです。我々大人が自らの子ども時代を振り返ると、学級の中で明らかに集団活動が苦手な子どもはいたと思います。しかし、その子が仲間から疎外されていたかというと、決してそうではなかったこともあるのではないでしょうか。周囲の友人にすると、多少、仕方なくではあったかもしれませんが、その子を支えていたようにも思います。「あの子はそういう人」という決して否定的ではない、温かい気持ちが、その子に対してなされる特別な支援を受容する雰囲気につながっていたのかもしれません。

　どの学校も、授業そのものが全員に力をつけられる場になることを目指しています。しかし、様々な特性のある子どもへの支援が必要となっている今、子ども自身が支えあって学ぶ意識をもつことができなければ、どんなに優れた個別の配慮や支援も効果は十分に得られないことが多いと思います。まずは教師が、子ども一人一人の学ぶペース、スピードを十分に把握し、その成長を認めていくことが必要でしょう。そのような関わりを意識した授業を日々繰り返す中で、子ども同士が互いに認め合えることのできる学級を実現することができるのではないでしょうか。そのような学級の基盤が、支援を要する子どもだけではなく、すべての子どもの成長につながっていくと考えます。

　今、様々な特性のある子どもがいるという前提で、学級全員が安心して参加できる授業を提供することが求められています。

小学校の外国語活動の実際

　小学校に外国語活動が導入されたのが、平成23年度。それから数年が経ち、小学校外国語活動における成果と課題が見えてきました。
　ここでは、あらためて小学校の外国語活動を見つめ直し、ねらいや目的を確認してみましょう。そこから、今行われている外国語活動がどんなものであるか、これからの小学校における外国語・外国語活動は、どのようにあるべきかを考えてみます。

1．小学校外国語活動の実際

Q　小学校の外国語活動では英語を教えないの？

　小学校外国語活動と聞けば、小学校のうちに英語を覚え、中学校になった時に困らないようにするための勉強だと思っていませんか。
　実は、小学校外国語活動は、英語を教えることを中心とした教科ではないのです。
　少しどきっとしますね。正確に言うと、ここには2つの間違いがあります。
　1つ目は、英語を教えないという表現です。正しく言うと英語を教えることが一番目にくる目的ではないということです。では、何が小学校外国語の目的なのでしょうか。
　小学校学習指導要領の外国語活動には、その目標が次頁（★）のように書かれています。要約すると、『外国語を通じてコミュニケーション能力を養うこと』と、目標に書かれています。目標の一部分の書き方は、基本的に中学校、高等学校でも同じです。
　また、外国語の種類、つまり扱う言語は、児童の実情に応じて、必ずしも英語でなくても構わないのですが、原則として英語を取り扱うこととなっています。
　コミュニケーションをとるためには、結果として英語を覚えなければなりませんが、英語はあくまでも手段であり、コミュニケーションがとれるようになることが目的の中心なのです。英語を教えることが先に立つことよりも、子どもがコミュニケーションを取るために、英語が必要だ、英語表現を知りたい、と思うような授業が理想というわけです。
　2つ目の間違いは、教科という言葉です。中学校の英語の場合には外国語科という科が付きますが、この場合には外国語活動という名前ですので、科はつきません。そのかわり

★小学校学習指導要領より外国語活動の目標

外国語を通じて，言語や文化について体験的に理解を深め，積極的にコミュニケーションを図ろうとする態度の育成を図り，外国語の音声や基本的な表現に慣れ親しませながら，コミュニケーション能力の素地を養う。

活動という言葉がついています。

では、教科と活動では、何が違うのでしょうか。

小学校外国語活動では、今でも教科書というものはない。

教科とは専門の免許をもった教師が、教科用図書（以下、教科書）を用いて、評価を行うものです。小学校の場合は、多くの教員は教員養成大学等で英語の授業を受講したと思いますが、これはあくまでも自分が英語を学ぶ授業です。英語の教え方を学ぶ授業ではありません。教科を指導するには、基本的に外国語を教える方法、指導法を学んだ先生が教える必要があります。教科ですと、さらに教科書も使用しなければなりません。

現在の小学校外国語活動では、評価を行っていますが、教えている小学校の先生の多くは大学で外国語の教え方を習っていないことが多いです。教科書も、決められたわけではありません。副読本である教材を用いて学習していることが多いのが現状です。教材には小学生に合った活動があれだけ整理されて記載されているのですから、使わない手はありません。でも、教科ではないのですから、教材を必ず使わなくてはならないということではないのです。

外国語活動は、教科という枠組みではありませんが、活動という名前を付け、子どもの主体性を育て、より良い態度や行動等を育成するために必要なものとして、小学校の教育課程内に位置付けて行われているのです。

まとめますと、小学校外国語活動とは、教科という名前を付けず、子どもにあった教材を工夫しながら、コミュニケーション能力の素地が身に付くように外国語を学ぶ学習ということ

＜参考＞平成20年1月中教審答申の脚注から（抜粋）

教科について法制上定義がなされている訳ではないが、一般的に、

(1) 免許（中・高等学校においては、当該教科の免許）を有した専門の教師が、

(2) 教科書を用いて指導し、

(3) 数値等による評価を行う、ものと考えられている。

になります。

　しかし、将来的には英語を用いたコミュニケーションがよりできるように、系統立てて学ぶ教科化が小学校でも行われることになっています。その際、小学校外国語活動のよさがなくなるのではなく、これまでの成果を下の学年に引き継いでいくことで、小学生にふさわしい外国語を用いたコミュニケーション能力の素地が育まれていくことでしょう。

Q　小学校の外国語活動では英語を理解していなくても成績が5になるの？

　小学校で外国語活動が始まっているということは、家庭では子どもに英語を覚えさせるために、ドリルをやらせたり、塾に入れさせたりした方が良いのでしょうか。

　実は小学校外国語活動は、子どもが英語を完璧に理解していなくても成績が悪くならないのです。

　これは一体どういうことなのでしょうか。英語の成績といいますと、テストで英単語のスペルや発音などを試験して、文法を正しく覚えて、語順等が正しく書けているかチェックすることと思うかもしれません。その場合、正しく理解していないと良い点数が取れませんから、成績が悪くなることもあるかもしれません。

　小学校の外国語活動では、ペーパーテストが行われることは、ほぼありません。英単語等を理解しているか、していないかについては、テストで測ることがしやすいのですが、小学校外国語活動では、英語の理解の度合いが評価の対象になっていないのです。

　では、何が成績に関係のある、評価の対象になっているのでしょうか。

　それは次の3つです。

> **小学校外国語活動の評価の観点**
> ◎コミュニケーションへの関心・意欲・態度
> ◎外国語への慣れ親しみ
> ◎言語や文化に関する気づき

　1つ目を見ますと、「外国語への関心・意欲・態度」とは書かれていませんから、英語に対して関心が無いとか関心があるとかは評価には関係がなく、英語を使ってのコミュニケーションに対して関心がもてているかもてていないかが重要だということが分かります。ちなみに、これは、中学校でも同じ評価の観点名となっていますから、小学校外国語活動や中学校外国語において、特にコミュニケーションを重視していることが分かります。

　2つ目は、慣れ親しみとあります。英語の表現にどの程度慣れているか、コミュニケーションの際に親しんでいるかが大切なのです。

> ＜参考＞中学校の外国語の評価の観点
> ◎コミュニケーションへの関心・意欲・態度
> ◎外国語表現の能力
> ◎外国語理解の能力
> ◎言語や文化についての知識・理解

　3つ目は、言語や文化に関する気づきです。
　つまり、小学校外国語活動は、外国語を通して日本との違いに気づいたりしながら、外国語に慣れ親しむことで、コミュニケーションが楽しいと思えることが重要なのです。

Q　小学校の外国語活動では、なんと国語や日本を学んでいる？！

外国語を通じて日本の文化についての理解を深めているのです。

　小学校外国語活動ですから、様々な国の様子や英語の文化圏の様子を学んでいることは想像がつきますが、日本を学ぶというのはどういうことなのでしょうか。
　小学校学習指導要領の外国語活動を見てみると、外国語や外国の文化のみならず、国語や我が国の文化についても併せて理解を深めると書かれています。
　外国の言葉を使い、外国の事ばかり詳しくなるのではなく、日本のことも正しく理解した上で外国語を使えるようになることが望ましいということです。
　そのように思って教材を見直してみると、その中に、日本のことがあちらこちらに散りばめられているのが分かります。

Q　小学校の外国語活動では、ジェスチャーが重要？！

　ジェスチャーというと、英語が話せなくてしどろもどろしながら、使っているようすが目に浮かんできますが、小学校の外国語では言葉だけではない、コミュニケーションの手段としてジェスチャーも重要視しています。
　外国に行ったときに英語が上手く通じなくて、それを補うために知らず知らずのうちにジェスチャーを行っていたというのは、よく経験にあるのではないでしょうか。相手に伝えようという気持ちが強ければ強いほど、ジェスチャーが自然に出てきます。小学校の外国語活動では、コミュニケーションの力を身に付けることが重要ですから、言葉のみならず、それを支える手段の全てを大切にしているわけです。
　相手に伝えるための言葉、それを補うためのジェスチャー、時には絵

時にはジェスチャーも学びます。

を描いたり、表情をつくったりすることも、コミュニケーションを支えるための大切なものとして、外国語活動で行われているのです。

> ＜参考＞小学校学習指導要領外国語活動から（抜粋）
> 　指導に当たっては，次のような点に配慮するものとする。
> ア　外国語でのコミュニケーションを体験させる際には，児童の発達の段階を考慮した表現を用い，児童にとって身近なコミュニケーションの場面を設定すること。
> イ　外国語でのコミュニケーションを体験させる際には，音声面を中心とし，アルファベットなどの文字や単語の取扱いについては，児童の学習負担に配慮しつつ，音声によるコミュニケーションを補助するものとして用いること。
> ウ　言葉によらないコミュニケーションの手段もコミュニケーションを支えるものであることを踏まえ，ジェスチャーなどを取り上げ，その役割を理解させるようにすること。
> エ　外国語活動を通して，外国語や外国の文化のみならず，国語や我が国の文化についても併せて理解を深めることができるようにすること。
> オ　外国語でのコミュニケーションを体験させるに当たり，主として次に示すようなコミュニケーションの場面やコミュニケーションの働きを取り上げるようにすること。

2．これからの小学校における外国語活動

Q　小学校でも、外国語が教科になって点数評価に？！

　現在、新しい学習指導要領の実施に向けた作業が進んでいますが、小学校5、6年生については、今まで外国語活動として学習してきたものが、教科としての外国語に、小学校3、4年生では、今までなかった小学校外国語活動ができるなど、その方向性が示されています。

　小学校の外国語活動は多くの成果を生んできました。

　小学校での外国語活動は、子どもたちがとても意欲的に取り組んでいる充実した活動となっているようです。また、小学校で外国語活動を意欲的に取り組んだ子どもは、中学校でも英語に対する学習意欲が高いようです。小学校の学習が中学校英語を変えつつあるなどという話もあり、小学校外国語活動の取組は順調のように思えます。

　しかしながら、会話でのコミュニケーションを重視している小学校の音声中心の学習から、中学校の文字の学習へ変わったときに、子どもは戸惑うことも少なくないようです。国語と

英語の発音の違いや、英語で聞いた音がローマ字とも異なることから、音声と綴りの関係が理解できない子もいるなど、課題も見えてきました。

これからの小学校外国語活動では、このような課題を踏まえ、文字についてもある程度学習していく必要があると言えます。しかしながら、小学校で英語嫌いをつくらないためにも、慎重に取り組まなければなりません。

小学校らしい教科外国語にするために、私たちがこれまで実践してきた英語を通してコミュニケーションすることのおもしろさを存分に感じさせることの上に成り立つ教科でなくてはならないようです。

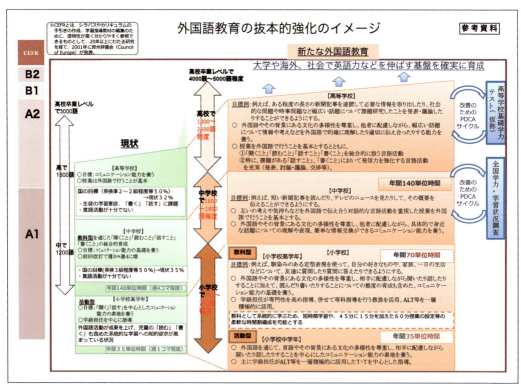

※中央教育審議会（答申）から、別添資料（平成28年12月21日）

3. 小学校外国語活動で大切にしていること

Q 小学校の外国語は、ゲームや遊びがいっぱい？！

小学校の外国語活動において使われている教材は、次のような学習の枠組で構成されています。

- 4時間ごとのまとまりで、一つの表現について学習する。
- 各学年で8個ぐらいのまとまりを学習する。
- 5年生も6年生も1年間で35時間の外国語活動を学習する。

およその学習の流れをみてみますと、例えば、英語の数は、3つ目のまとまりに出てきます。1から20までの数字を用いてコミュニケーションを楽しみます。英語の数字を用いてコミュニケーションを楽しむには、まず、言葉に言い慣れなければなりません。また、言い慣れるためには、その言葉のおもしろさや言い方の不思議さなどに気付いていくと、興味が増します。

そこで活躍するのが、ゲームなどのアクティビティーです。

小学校の外国語活動では、歌やチャンツなどの他に、多くのゲームを取り入れています。小学生の発達段階を考え、子どもが楽しみながら慣れ親しみ、次第にコミュニケーションがとれるようにするため、優しすぎず、難しすぎず、目的を適切に達成することができるよう、ゲームを取り入れているのです。

〈学習の流れ〉

基本的な4時間の流れ

①表現方法を知る	①新しい表現方法を知り、日本語との違いに気付いたり、興味をもったりします。
②表現に慣れる	②様々な方法で、表現に慣れ親しみます。
③コミュニケーション	③積極的に尋ねたり、答えたりして、コミュニケーションを楽しみます。
④目標達成！	④外国語に気付き、表現に慣れ親しみ、コミュニケーションを楽しむと目標達成！

目標達成のためには、ゲームなどのアクティビティーがとても有効！

小学校の外国語活動は、この繰り返しで、コミュニケーションの素地を養っている。

第2章

特別な支援が必要な子どもと外国語活動

特別支援教育の窓から外国語活動での支援を考える

　コミュニケーションそのものが苦手な子どもにとって、外国語活動は参加しにくいことがあるかもしれません。「応答のタイミングが図りにくい」、「相手の話を最後まで聞き続けられない」、「その場の話題とは違う内容で話してしまう」、「聞き間違い、言い間違いが生じやすい」等の苦手さが他の活動でもみられる子どもにとっては、外国語活動においても苦手な活動はでてくるでしょう。国語力そのものが学年相応とはいえない子どもに、外国語活動が有効なのか疑問に感じる方もいるかもしれません。

　外国語活動は外国語の習得が課題ではなく、コミュニケーションの育成が課題となっています。外国語を使ってのコミュニケーションは、高学年からの学習であるにもかかわらず、その他の教科よりも学習内容についてのレディネスの差が少ないため支援によってはコミュニケーションに差が生まれにくいことがあります。ぜひ、適切な支援を検討し、自信をもってコミュニケーションに取り組む素地をこの外国語活動で培いましょう。

　では、どの子どもにとっても取り組みやすい活動にするためにどんな視点で授業を考えていけばよいのでしょうか。「どの子どもにとっても取り組みやすい活動」と聞くと、「ユニバーサルデザイン」という言葉を想起される方も多いと思います。最近は「通常の学級における授業のユニバーサルデザイン」などと書かれた書籍や実践報告を多く目にするようになりました。ユニバーサルデザインについては、様々な立場から論じられています。ユニバーサルデザインの考え方は、そもそも建築分野などで提唱されてきました。ノースカロライナ州立大学ユニバーサルデザインセンター元所長で建築家のメイス（Ronald Mace）は、ユニバーサルデザインに必要な7つの原則を提唱しています。

　教育活動を想定されたものではありませんから、この「7つの原則」すべてを学校での授業の中で実現することは困難に思われるかもしれません。しかし、外国語活動という新しい活動に参加しやすくするためには重要な視点を与えてくれるものだと思います。

　これらが重要な視点だとしても、何を切り口として検討していいか迷われることも多いと思います。前書となる『「困り」解消！算数指導ガイドブック－ユニバーサルデザインの前に－』では、ユニバーサルデザインを検討する際に、一人一人の状態についての丁寧なアセスメントが前提となるため、教師が見逃しがちな子どもの「困り」を示すことでその充実を図り、さらに具体的な手立ての例を添えて一人一人に合わせた支援の有り様を提案しました。本

> **ユニバーサルデザインに必要な7つの原則**
>
> 1. Equitable Use（誰でも公平に使える）
> 2. Flexibility in Use（使う上での自由度が高い）
> 3. Simple and Intuitive（使い方が簡単で、直観的に理解できる）
> 4. Perceptible Information（必要な情報がすぐに見つかる）
> 5. Tolerance for Error（うっかりミスや危険につながらない）
> 6. Low Physical Effort（身体への負担が軽く、楽に使える）
> 7. Size and Space for Approach and Use
>   （接近したり利用したりするために十分な大きさと広さが確保されている）
>
> （Center for Universal Design NCSU より）

書では、前書の内容に加え、「自立活動」をヒントとし、支援方法を検討しています。

　特別支援教育では、「自立活動」という教育内容があります。
「個々の児童又は生徒が自立を目指し、障害による学習上又は生活上の困難を主体的に改善・克服するために必要な知識、技能、態度及び習慣を養い、もって心身の調和的発達の基盤を培う。」ことが目標として特別支援学校の学習指導要領に設定されています。自立活動の内容は、人間としての基本的な行動を遂行するために必要な要素と、障害による学習上又は生活上の困難を改善・克服するために必要な要素で構成しており、「健康の保持」、「心理的な安定」、「人間関係の形成」、「環境の把握」、「身体の動き」、「コミュニケーション」の6つの区分に分類・整理されています（P27参照）。特別支援教育では、これらのすべてを指導対象とするのではなく、子どもの実態に応じて選択していくことになります。指導内容は子どもの実態を基にして検討していくことが必要となりますので、学習指導要領の中では指定されていません。子どもの「困り」を発端に、丁寧に子どもの実態についてアセスメントを繰り返し、自立活動として何を指導していくのかを一人一人に応じて検討していくのです。この自立活動の指導内容を検討する過程が、通常の学級において、様々な特性のある子どもを支援する場合に参考になります。

　外国語活動の時間では、先にあげたコミュニケーションに関する苦手さだけでなく、「文字を書き写すことが苦手」「座り続けることが苦手」等の「困り」もでてきます。本書では、自立活動を参考にし、以下のようにそれぞれの苦手さを5つの視点に分けて支援方法を検討することとしました。

人の理解

主に、「人間関係の形成」「コミュニケーション」の分野を参考にしています。

・話題とは関連のない話をする
・自分の思いを一方的に話し続ける
・相手の話を最後まで聞くことが難しい　など

気持ちの安定

主に、「心理的な安定」の分野を参考にしています。

・落ち着いて授業に参加することが難しい
・気が散りやすい
・ケアレスミスが多い　など

状況の理解

主に、「健康の保持」「環境の把握」の分野を参考にしています。

・周囲の動きに合わせて行動することが難しい
・指示や活動が変わったことに気づきにくい
・どの情報がヒントとなるか迷ってしまう　など

記　憶

主に、「環境の把握」の分野を参考にしています。

・長い指示を覚えるのが難しい
・文を一文字ずつ確認しながら書き写す
・細部を正しく記憶できない　など

身　体

主に、「身体の動き」「健康の保持」の分野を参考にしています。

・細かな作業が苦手
・姿勢がよくない
・ゆっくりとしか話せない　など

本書では外国語活動を取り上げていますが、子どもによっては様々な場面で困難さを感じています。今回の5つの視点から支援を検討することは、外国語活動だけでなく学習活動全般に応用が可能ですので、それぞれの状況に置き換えて支援を考えてみてください。また、子どもにとって必要な支援は、低学年の頃より丁寧に積み上げていくことでより高い効果が得られるものです。学校全体で支援方法を十分に共有し、目前の目標だけでなく、将来の姿をイメージし、長い目で見守りつつ対応することも大切です。

　子どもの特性に応じた支援はカスタマイズしていくものです。「こうすれば必ずうまくいく」という方法は本書でも示せません。本書での対応をヒントに、子ども一人一人が外国語活動の時間を豊かなものとできるよう支援を考えていきましょう。

「特別支援学校小学部・中学部学習指導要領 第7章 自立活動」より

1. 健康の保持
(1) 生活のリズムや生活習慣の形成に関すること。
(2) 病気の状態の理解と生活管理に関すること。
(3) 身体各部の状態の理解と養護に関すること。
(4) 健康状態の維持・改善に関すること。

2. 心理的な安定
(1) 情緒の安定に関すること。
(2) 状況の理解と変化への対応に関すること。
(3) 障害による学習上又は生活上の困難を改善・克服する意欲に関すること。

3. 人間関係の形成
(1) 他者とのかかわりの基礎に関すること。
(2) 他者の意図や感情の理解に関すること。
(3) 自己の理解と行動の調整に関すること。
(4) 集団への参加の基礎に関すること。

4. 環境の把握
(1) 保有する感覚の活用に関すること。
(2) 感覚や認知の特性への対応に関すること。
(3) 感覚の補助及び代行手段の活用に関すること。
(4) 感覚を総合的に活用した周囲の状況の把握に関すること。
(5) 認知や行動の手掛かりとなる概念の形成に関すること。

5. 身体の動き

(1) 姿勢と運動・動作の基本的技能に関すること。

(2) 姿勢保持と運動・動作の補助的手段の活用に関すること。

(3) 日常生活に必要な基本動作に関すること。

(4) 身体の移動能力に関すること。

(5) 作業に必要な動作と円滑な遂行に関すること。

6. コミュニケーション

(1) コミュニケーションの基礎的能力に関すること。

(2) 言語の受容と表出に関すること。

(3) 言語の形成と活用に関すること。

(4) コミュニケーション手段の選択と活用に関すること。

子どものつまづきとは
英語のゲームと「困り」解消アイデア

コミュニケーションの力を伸ばす！

　外国語活動はコミュニケーション活動が中心です。とは言え、どのクラスにもコミュニケーションを苦手とする子どもがいます。コミュニケーションそのものがうまくできない場合もありますし、他に原因があって結果的に人間関係がうまくいかない場合もあると思います。そのような子どもにとって、外国語活動を学ぶ意味はあるのでしょうか？

≪コミュニケーションがうまくいかない・・・≫

コミュニケーション活動としての外国語活動のメリット

平成20年に示された学習指導要領には、目標が次のように書かれています。

> 外国語を通じて、言語や文化について体験的に理解を深め、積極的にコミュニケーションを図ろうとする態度の育成を図り、外国語の音声や基本的な表現に慣れ親しませながら、コミュニケーション能力の素地を養う。

また、内容には次のように書かれています。

> 〔第5学年及び第6学年〕
> 1　外国語を用いて積極的にコミュニケーションを図ることができるよう、次の事項について指導する。
> 　(1) 外国語を用いてコミュニケーションを図る楽しさを体験すること。
> 　(2) 積極的に外国語を聞いたり、話したりすること。
> 　(3) 言語を用いてコミュニケーションを図ることの大切さを知ること。
> 2　日本と外国の言語や文化について、体験的に理解を深めることができるよう、次の事項について指導する。
> 　(1) 外国語の音声やリズムなどに慣れ親しむとともに、日本語との違いを知り、言葉の面白さや豊かさに気付くこと。
> 　(2) 日本と外国との生活、習慣、行事などの違いを知り、多様なものの見方や考え方があることに気付くこと。
> 　(3) 異なる文化をもつ人々との交流等を体験し、文化等に対する理解を深めること。

　これは、言うまでもなく外国語活動の目標と内容です。これを、学習につまずきが見られる子どもや、コミュニケーションがうまくいかない子どもの『教育的なニーズ』あるいは『支援のニーズ』という視点で捉え直すことができます。コミュニケーションがうまくいかない子どもは、英語・外国語活動の時間に、コミュニケーションの具体的な方法を学ぶことができます。短い言葉で、視覚的教材を手掛かりに、繰り返し体験的に学ぶことができます。コミュニケーションがうまくできない子どもには、コミュニケーション自体が無理ではないか、と感じる先生も多いでしょう。しかし、「コミュニケーションの方法を具体的に知ること。」「コミュニケーションを体験的にシミュレーションし、慣れること。」「人とかかわることを楽しむこと。」によって、コミュニケーション能力が改善する可能性は十分にあるのです。学習指導要領解説外国語活動編に述べられているように、「児童の柔軟な適応力を生かして」コミュニケーションの力を伸ばしてあげたいものです。

コミュニケーションを支える能力（つまずかせている能力）は、学校生活全般や、他の教科・領域の学習にも影響を及ぼします。どの教科・領域においても対話的な学び合いや課題追究による学習活動が求められています。そのような言語活動を支える大きな柱がコミュニケーションだからです。コミュニケーションの力を高め、より良く周囲の人とかかわることができれば、学習状況も学校生活も、より良いものになっていきます。英語・外国語活動の時間だけで、コミュニケーション能力が向上するとは言えません。しかし、基礎的な方法を体験的に学ぶことは可能です。広く学習活動の中で生かせる、より良く他者と関わるための「コツ」を英語・外国語活動で習得することができれば、それは支援を必要とする子どもに対する有効な手立てになり得るのです。

特別支援リテラシー

学びづらさを抱えている子どもの実態や発達の特性から、特別な教育的ニーズを見出し、それに応じて既存の学習環境・教材・活動などの価値や意味を捉え直す。（合理的配慮の発見）

外国語活動の内容を捉え直すと・・・

・外国語を用いてコミュニケーションを図る楽しさを体験すること。
・積極的に外国語を聞いたり，話したりすること。
・言語を用いてコミュニケーションを図ることの大切さを知ること。
・外国語の音声やリズムなどに慣れ親しむとともに，日本語との違いを知り，言葉の面白さや豊かさに気付くこと。
・日本と外国との生活，習慣，行事などの違いを知り，多様なものの見方や考え方があることに気付くこと。
・異なる文化をもつ人々との交流等を体験し，文化等に対する理解を深めること。

コミュニケーション体験

表現する楽しさを味わう　表現することに慣れ親しむ　言葉で理解し合う

多様な表現方法や語彙の獲得

たくさんの感情表現の良さを知る　　相手の感情を理解する

他者理解と自覚

自他の違いを理解する

・コミュニケーション能力を支える表現力や共感性の高まりが、学習参加や集団参加を広げる。
・人間関係をつくる力が、他者との協働的な学びを支える。

多様な感覚を働かせて学ぶことができる外国語活動のメリット

　外国語の習得には文字や発音などの違いによる難しさがあります。だからこそ、外国語活動では、『難しさ』が学習の妨げにならないように分かりやすい工夫が施されています。つまり、子どもたちの"学びにくさ"を支援するヒントが含まれているのです。

　例えば、読み書きに困難があるディスレクシアタイプの子どもの場合、学習内容を理解できていても、言葉を読むことや文字を書くことが難しく、普通に教科書を読んだりノートに書き取ったりすることができなかったり、時間が掛かったりします。

　外国語活動では、アルファベットや英単語を読むと同時に「聞く」ことができます。また、歌いながら（聴きながら）学習すると、言語をつかさどる領域以外の脳も刺激されると考えられます。簡単な振り付けがある歌であれば、運動をつかさどる体性運動野（頭頂部）も刺激されるでしょう。このような、読み書きだけではなく多様な感覚を働かせることができる教材や活動があることによって、子どもは情報をキャッチしやすくなり、苦労することなく言葉に触れながら理解したり覚えたりしやすくなるのです。

　"学びにくさ"は、何らかの原因による未発達や機能の阻害によって起きていると考えられます（そもそもの学習環境の問題もあります）。やる気の問題に見られがちですが、ほとんどの場合は失敗経験の積み重ねによって意欲の低下が起き、やる

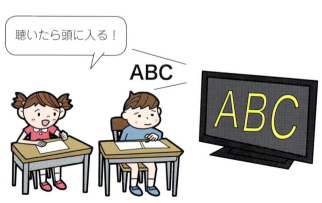

気を失っているに過ぎません。やはり根本の原因は学習に必要な脳の機能が発揮できず、「やろうとしてもできない。」ことにあるのです。例えば、見て覚えることが得意で聴くことが苦手な子ども、見て覚えるのが苦手でも聴くとすぐに覚えられる子など、特定の感覚に偏って学習に参加するような、"学びにくさ"の特性が見られる場合が多いのです。

　読んで覚たり、書いて覚えたりするような学習ではなく、多様な感覚を働かせる学習であれば、子どもたちは苦手を回避して、得意な力を生かしながら学ぶことができるのです。

楽しさを味わうことができる外国語活動のメリット

繰り返しの活動のメリット

　あいさつ→チャンツ→活動→あいさつ、のように授業の展開や「いつも行う活動」がある程度決まっていると、以下のような効果が期待できます。

不安や苛立ちを感じることが多いタイプ	**初めての事が苦手** ⇒ いつも通りの展開なので<u>安心して取り組める</u> **失敗するかもしれない不安** ⇒ 同じ活動を繰り返して<u>成功体験を積み</u>、自信をもつ **負けず嫌いの傾向** ⇒ ゲームに負けても次回に期待できる
習熟に時間がかかるタイプ	**たくさんの情報を処理することが苦手** ⇒ 少しずつ覚え、<u>理解する</u> **覚えることが苦手** ⇒ 繰り返すことで<u>定着を図る</u>ことができる **発音の苦手や発表の不安** ⇒ 繰り返すことで習熟し、<u>自信をもつ</u>
不安や苛立ちを感じることが多いタイプ	**集中の困難による指示理解の苦手** ⇒ <u>集中しなくても分かる</u> **衝動的に行動してしまう** ⇒ 行動の素早さを生かすことができる **落ち着かない** ⇒ やるべきことが明確なので活動が<u>持続しやすい</u>

チャンツ・音楽的要素のメリット

　言葉のリズムや、メロディーに乗せて歌ったり聞き取ったりすることによって、音声情報を取り入れやすいというメリットがあります。これは、認知的な偏りをもつ子どもに限らず、全ての子どもに共通する"学びやすさ"につながります。このような活動や教材は、ユニバーサルデザイン化されていると見ることもできますし、合理的な配慮の手立てと考えることもできます。

多様な感覚を働かせる活動のメリット

　視覚化が効果的であることは言うまでもありませんが、中でも身近な物事を教材化することによって、イメージを浮かべやすくなります。食べ物のカードを使う場合、匂いや味、楽しかった思い出など、生活経験に様々な感覚がよみがえります。実感を伴った記憶が「具

体的な思考素材」となり、聞き取ったり話したりしやすくなります。

　何よりも、直感的に捉えやすい視覚的あるいは聴覚的な教材は「わかる！」という感覚が意欲を喚起します。音楽的な活動やゲーム、クイズなどの遊び感覚に満ちた活動は脳の知的な働きを活性化します。楽しさや期待感、達成感など、プラスの感情は脳の機能そのものをボトムアップする効果が期待できるのです。

『事前的改善措置』『合理的配慮』の基本となる考え方

　近年、障がい者の社会参加を保障する法令が整備され、それに伴って、様々な変化が見られます。バリアフリー、ユニバーサルデザインといった言葉が広く浸透しつつあり、社会全体の仕組みとして障がいのある人たちを支えていこうとしています。実は、「障がいのある人」という言い方自体に問題があります。従来は、障がい者個人に障がいがあるために社会参加が制限されている、という考え方で捉えていました。しかし現在では、社会の側にある制度や施設の不備がバリアーとなり"社会的障壁"をつくりだしていると考えます。

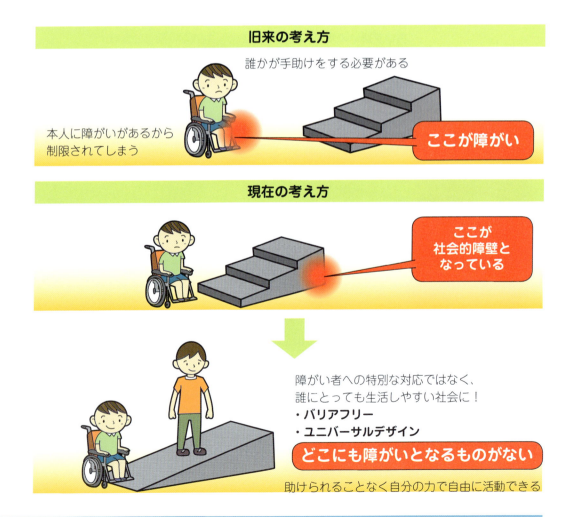

このような"障がい"の考え方は、通常の学級に在籍する特別な支援を必要とする子どもたちが、みんなと一緒に活動に参加し、学ぶための「事前的改善措置」（物的あるいは人的な環境の整備）や「合理的な配慮」（個々のニーズへの対応）に大きくかかわっています。何らかの"学びにくさ"があって学習に参加できない子どもは、どの学級にも見られます。そのような状況が認められる場合には、保護者や子ども本人と話し合い、"学びにくさ"を解消して、みんなと同じように参加したり、楽しく学んだりするための環境整備や授業の工夫、適切な支援を行う必要があります。

障がい者の社会参加を保障する法制化の流れ

2011年：障がい者基本法改正において「合理的な配慮」が示される
2013年：障がい者差別解消法が成立し、差別禁止と合理的配慮が法制化される
2014年：国連障がい者権利条約の批准、国際的障がい者差別禁止法の批准
2016年：障がい者への合理的配慮が法的に義務化される

『事前的改善措置』『合理的配慮』の必要性と外国語活動のメリット

　外国語活動は、英文法を理解したり英語の読解力を高めたりするよりも、実際的なコミュニケーションに重きを置いた学習活動をねらっています。そして、小学生が取り組みやすく、親しみのある平易な内容を取り扱います。

　"学びにくさ"を感じている子どもたちは、授業に集中できなくなったり、勉強したことを忘れてしまったりすることが多いでしょう。外国語か日本語かを問わず、コミュニケーションに課題が見られる子どもも、どのクラスにもいることでしょう。そのようなケースは少数と思われるかも知れませんが、学校全体や地域全体で見れば決して小さな問題ではありません。むしろ、どの先生もそのような子どもを受け持つのであり、児童理解や指導の手立てについて、よく知っておくべきです。"学びにくさ"を感じている子どもには、あらかじめ環境を整えておく「事前的改善措置」や個々のニーズに応じた適切な「合理的な配慮」が必要です。外国語活動には、コミュニケーションの基礎である言葉のやり取りや他者への配慮のあり方を学ぶ活動があります。また、問題解決的な学習では実施することが難しい、

繰り返しによる定着を促す活動に取り組みます。"学びにくさ"や、"コミュニケーションの困難さ"を抱える子どもにとって、年間35～70時間の英語・外国語活動は有意義であり、有効な「事前的改善措置」や「合理的配慮」になり得るのです。

発達障がいかな？と思ったら

　他の子どもと同じように指導しても効果が見られない子どもを見て、「この子、発達障がいかな？」と思うことがあるかもしれません。教師は医学的に診断できませんし、誤解を招き、信頼関係を損なうおそれがあるので、保護者や本人に対して軽々に「障がい」と伝えてはいけません。しかし、"学習の難しさ"や"コミュニケーション上のトラブル"を、何らかの発達障がいに起因すると仮定して子どもの行動を捉え直すと、指導や支援の手立てを考えるヒントが見えてきます。子どもの問題点を「○○ができない。」と指摘することはできても、その原因を辿ったり、改善の方向を見出したりすることは容易ではありません。しかし、「どうしてそんなことするの？」と先生に問われても、子ども自身、どうしてなのか分からないのです。なぜなら、子どもは思ったことを口にし、行動しているだけで、むしろ周囲が間違っているように感じているのです。しかしそれを「悪い子」と捉えたり、「性格」の問題として諦めたり、「家庭でのしつけ」の問題にして保護者に背負わせてしまっても、根本の"学びにくさ"の改善には、つながりにくいのです。「やる気のなさ」と理解されて厳しく指導され、事態が悪化しているケースも少なくありません。何らかの発達の問題だとすれば「がんばれ！」「やればできる！」では解決しません。丁寧に根本の原因を探り、ケアする必要があるのです。

　「発達障がいだとしたら？」という視点をもち、障がいの種類や特性についての知識をもっておきましょう。まず先生が理解してあげることが環境を整えることにつながります。"苦手に囲まれ、失敗ばかり続く"ような指導や授業を改善し、"学級の子どもたち全員が、自分から進んで楽しく学ぶことができる"ように、何ができるのかを考えてみましょう。それが「事前的改善措置」や「合理的配慮」へとつながるのです。

★Aruaru column ①★
【あるあるコラム①】

『原因』と『結果』は、似て非なるもの

　突然大声を出したり、教室を飛び出していったりなど、感情が爆発的に溢れてしまう子どもを見かけます。突発的に怒ったり泣いたりすると、周囲はまず驚きます。そのような子どもは、興奮してしまって事情を説明することはできません。客観的に状況をとらえることが難しいからこそ感情が爆発するに至っているのですから、冷静になってから話をしても、他の子どもの言い分とはつじつまが合わなくなることも多いと思います。そして、自分の非を認めないために、友達から非難されたり、教師から否定されたりしてしまうのです。

　ほとんどの場合、トラブルは突然起こるのではありません。「○○くんがたたいた。」「○○さんが嫌なことを言った。」など、引き金になっていることはあるでしょう。しかしそれは、原因ではなく偶発的なきっかけに過ぎません。子どもが突然感情的になる原因は、小さなイライラやストレスの積み重ねです。一つ一つは我慢することができても、やがて大きくなって耐えきれない状態になります。心のゆとりをコップに例えるなら、不満や不安などのストレスはコップに滴り落ちていく水です。

一滴の水は、簡単に受け止めることができ、溢れることはない。

コップいっぱいの水は、たった一滴の水によって溢れてしまう。

ちょっとしたことで子どもが崩れてしまい、「いつもなら平気だから大丈夫だと思ったのに、今日はだめだった。」という場合、心理状態が『ストレスで満たされたコップ』で、いつもなら問題のないわずかな一滴が、感情を溢れさせた、ということなのです。常に満水状態の子どもは、ささいな一滴にも反応しやすくなるのです。気持ちにゆとりがあれば反応せずに済みます。しかし、水が減らない限りは、一滴の積み重ねがいずれは溢れてしまうのです。
　ストレスのもとは様々です。

> ・朝食を摂っていない空腹感。栄養の不足や偏り
> ・不衛生による不快感（入浴していない、汚れた衣服、サイズの合わない靴）
> ・睡眠不足（眠気、頭痛）　　・疲労感、退屈さ　・暑さ、寒さ、天候の変化
> ・大きな音、騒然とした空間、先生や友達の大声　・友達とのトラブル
> ・学習の難しさ　・想定外の出来事（負ける、成功できない、横槍が入る、など）

　これらの漠然とした不快感やちょっとした不満が、少しずつコップに溜まっていきます。大きな出来事であれば、すぐに反応してしまいます。小さな出来事はその場では堪えることができても、いずれ大きな決壊につながります。すなわち心の中にストレスをためていきます。そして、きっかけが最後の決め手となり外に溢れてくる、というわけです。

事後の対応だけでは、教育的な支援につながらない。

　感情が溢れ、パニックのような状態になってしまった後では冷静に判断することはできません。また、周囲や自分に危害が加わってしまえば取り返しが付きません。ですから、何かが起きてからではなく、起きる前にこそ適切な支援を行うことが大切なのです。なぜ感情が爆発するのか予想が付かないと、予防することができずに周囲はガードを固めるような対応しかできなくなってしまいます。以下のことを検証してみましょう。
・周囲からの刺激との関連性（騒音、教室内の座席の位置や視野、雑多な掲示物）
・時間との関連性（ある程度決まった曜日や時間帯に気になる様子が見られる）
・生活習慣や健康状態（家庭状況と生活リズムの関連、起立性調節障害やぜん息、副鼻、腔炎など）
　これらの中にイラつきを助長し、学習を阻害している原因があるかもしれません。音楽室や体育館でイライラしがちなのであれば、うるさい場所が嫌なのかも知れません。昼前にイライラが見られれば朝食を摂っていない空腹が原因かも知れません。理由が分かれば、うまく回避したり解消したりするための手立てを考えることができます。本人の意思や努力を

支えるために、学校や家庭が改善できることを、ぜひ考えてほしいと思います。

外国語活動の波及効果

　ささいなストレスを、小さなうちに発散・解消できるようにすることも効果的です。外国語活動は学習活動でありながら、楽しく声を出したり体を動かしたりすることができます。思いを伝えることの大切さや楽しさを体験的に学ぶことができ、コミュニケーションの基礎を学ぶことができます。そして、友達に話しかけて返事をしてもらうなど、満足感を得られる可能性に満ちています。イラストや動画を見る楽しさは言うまでもありません。外国語活動を通して、"気持ちが満たされるうれしさ""活動する心地よさ"を感じることが、学習活動全般にわたって、良い効果をもたらす可能性があるのです。

コミュニケーション力を生む前に Aruaru song でつまづきチェック

　クラスのみんなが楽しく活動していても、振る舞いが心配な子、表情が気になる子が何人かいるものです。英語の学習には難しさがあります。だからこそ外国語活動は、わかりやすい教材や楽しい活動が工夫されています。国語や算数のような勉強が苦手な子どもにも親しみやすく、活動に参加しやすい内容になるよう視聴覚教材やチャンツ、ゲームなどが用意されています。しかしそれでも「うまくできないな」と感じているお子さんがいます。体格や顔つきに個性があるように、一人一人の発達にも個人差があります。みんなと同じように活動に参加することが難しい子、同じように理解することが難しい子がいます。どうして、その子にはつまずきが生じているのでしょう？そこには必ず何か理由があるはずです。

　つまずきがある、困りがある、などと言われる子どもの姿は、実は『結果の姿』でしかありません。外からは、見えにくい「困り」が複合的な要因となり、その結果が表面化して問題になっているのです。学習の中で見える「困り」の『結果の姿』に目を留めて、さらにその原因となる『見えない困り』を探って行きましょう。子どもの『見えない困り』を捉えて丁寧な支援を行うことが大切です。「わからない子ども」を理解して、進んで学習に参加することができるよう配慮や事前の工夫を行い、一人一人が不安や苦手を感じずに、伸び伸びと表現できる授業を目指しましょう。

本書では、学習に難しさを示す子どもの姿を 5 つの視点に分け、想定される発達の課題や支援のポイントを紹介していきます。

人の理解　適切なコミュニケーションに関すること

話すことが苦手、相手の感情や意図の理解が難しいなど、対人関係の基本的な課題がある場合の配慮や支援となるポイントを紹介しています。

気持ちの安定　落ち着きや不安など、気持ちに関すること

落ち着きがなく、不注意や多動がある、失敗が多く不安や不満な様子が見られるなど、態度や気持ちの問題が表れている場合に考えられる配慮や支援のポイントを紹介します。

状況の理解　感覚の働き、学習内容の把握や理解に関すること

知覚する能力や状況理解に困難があるなど、子どもが目や耳を使って周囲の情報を取り入れたり、知覚した情報を整理、選択したりする場合の支援を紹介しています。

記　憶　知覚や念頭操作などワーキングメモリに関すること

短期記憶や長期記憶、視覚的記憶や聴覚的記憶など、記憶には様々な分類があり、そこに子どもの発達上の困難が表れていることがあります。記憶にかかわる支援を紹介しています。

身　体　身体の動きや姿勢に関すること

手を使う、口を動かす（発音）、身体を動かすなど、身体の各部や全体をうまく使うことも学習活動を支える基盤となります。身体性にかかわる支援のポイントを紹介しています。

★Aruaru Song【あるあるそんぐ】②★

みんなのまえで
こえがだせない

**気持ちの安定
ココ Support!
人前での不安**

・みんなの前に立つと、うまく話せなくなってしまう子。
・「早く！」と言われがちな子。

はやく言いな！

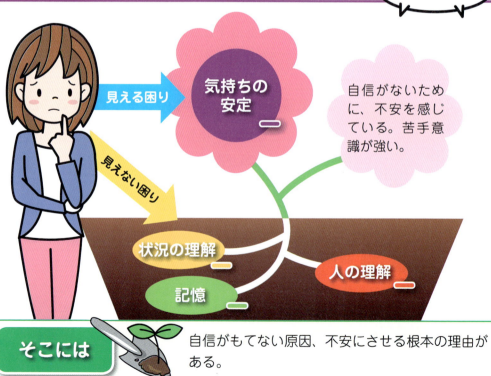

見える困り → 気持ちの安定

自信がないために、不安を感じている。苦手意識が強い。

見えない困り → 状況の理解／記憶／人の理解

そこには 自信がもてない原因、不安にさせる根本の理由がある。

子どもの表情から不安を読み取っても、根拠のない「大丈夫！」「がんばれ！」だけでは、自分から一歩を踏み出すことはできません。

人の理解 ＋ 気持ちの安定

言葉で表現することが苦手な場合、正確に話すことを求めたり、早く言わせようとしたりすることは逆効果です。言い方がわからない、思い出せない等の場合や発音の間違いはすぐに「どう言えばいいか」を教えて、うまくその場をクリアし、やり遂げられるようにしましょう。不用意にダメ出しをすると、恐怖心を抱かせてしまいます。

（ダイジョウブデース）

人の理解 ＋ 状況の理解

言葉を使わずに、表現できる場合もあります。教材を指差して選択し答える、ジェスチャーで表すなど、様々な表現方法で、うまく友達に伝わることを知らせ、それらを選択できるようにしましょう。

状況の理解 ＋ 記憶

（そうすればいいんだ！）

何を答えればいいか分からない場合は、もう一度指示を伝えます。また、友達の様子から状況を理解できるように、モデルとなる子の次に指名するような配慮をしましょう。

気持ちの安定 ＋ 人の理解

拍手や「Oh!」「Nice!」など、友達が温かく好意的に反応してくれる雰囲気作りも大切です。くれぐれも不用意にダメ出しをしたり、失敗を笑ったりないこと。「短くしてもいいよ」「まちがってもいいよ」という励ましも、プレッシャーを増幅してしまうことがあるので、注意が必要です。

記憶

単語を思い出せないときは、掲示された教材やテキストを見れば分かるようにしておきます。

★Aruaru Song【あるあるそんぐ】③★

みんな わらって いる けれど
たのしく ならない

人の理解 ココ Support! 相手との共感
・友達と一緒に楽しもうとする様子が見られない子。
・孤立しがちな子。

見える困り → 人の理解

楽しさを感じないため、表情に表れない。

見えない困り → 状況の理解／気持ちの安定／人の理解

そこには 周囲の友達と楽しさを共有することや、共感することが難しい。

表情から感情や意図を読み取ることが難しい子どもがいます。また、周囲の友達が感じる「楽しさ」を、同じようには楽しく感じられない子どもがいます。

人の理解 ＋ 状況の理解

表情やジェスチャーだけでは意味をイメージして理解できない子どもの場合は、"非言語的な表現"に含まれる"言語的な意味"を示す必要があります。言葉の意味から、表情やジェスチャーの意図を知ることができます。表情（感情）カードやジェスチャーカードに、説明の言葉を添えてあげましょう。

人の理解 ＋ 身体 ＋ 気持ちの安定

チャンツに取り組みながら、ユニークな表情や動作を模倣することも、楽しさを共有するきっかけとなります。友達の動きを見て表情が動いたり、思わずつられて体を動かしたりできれば、共感がつながった瞬間です。そこからコミュニケーションをつないであげましょう。笑顔を作ると楽しい気持ちが誘発されます。表情や動作を演じてみることによっても感情が刺激されて楽しさが増します。

人の理解

ペアやグループで活動するとき、表情が豊かで明るいタイプの児童とペアを組むと、感情を読み取りやすく、表情が硬いタイプの子どもでも反応が引き出されやすくなります。

気持ちの安定 ＋ 人の理解

経験のないことは想像ができないために、楽しさを共感できない場合もあります。誰もが知っていること、好きなことや楽しめることを教材化することも、関わり合いを生み出す仕掛けになります。共通の好みや趣味から相手理解が始まっていきます。

★Aruaru Song【あるあるそんぐ】④★

Me! me! me! me! Me! me! me!
Me! me! me! me! Me! me! me!

状況の理解
ココ Support!
暗黙のルール

・「Me！me！」と、何度も何度も手を挙げて発言を求める子ども
・勝手に話し始めてしまう子ども

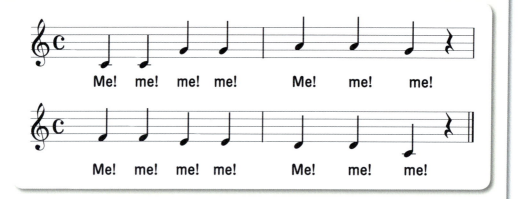

見える困り → 状況の理解

見えない困り → 気持ちの安定／記憶／人の理解

常に挙手し、発言し続けようとする。

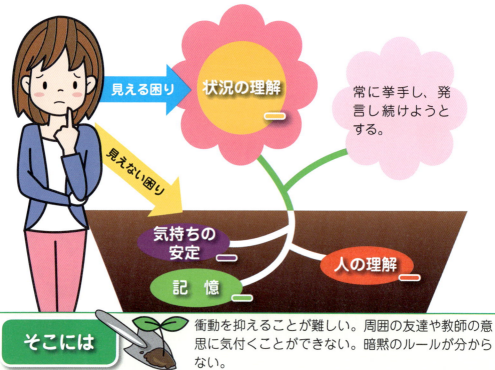

そこには 衝動を抑えることが難しい。周囲の友達や教師の意思に気付くことができない。暗黙のルールが分からない。

思い付いたことをすぐに言葉にしたり、行動してしまったりする子どもがいます。勝手な行動が目につく一方で、積極性というよさが生かせる場合もあります。

状況の理解 ＋ **記憶** ＋ **人の理解** ＋

『暗黙のルール』に気付くことが難しい子どもには、はっきりと言葉にして伝えましょう。"場の空気"を言語化し"見える化"すると理解しやすくなります。言わなくてもわかるような内容であっても、あえて言葉にすることで相互理解が深まります。そのような言語コミュニケーションの有用性も、実際のやり取りを通して伝えていきましょう。

「だから順番に当てます。」
「みんなの声が聞きたいよ。」

気持ちの安定 ＋ **状況の理解** ＋ **人の理解** ＋

衝動的にクイズの答えを言ってしまう子どもには『挙手して指名されてから発言する』ルールを徹底して指導しましょう。ルールを守れば認めてもらえると分かれば、進んでルールを守り、積極的な発言を生かせるようになります。「手を挙げるのが早いね！」と価値付けしてしまうと歯止めがかかりにくいので、挙手の早さや声の大きさを安易に誉めないようにしましょう。また、指名されないと、モチベーションが下がってしまいます。手を挙げても必ずしも指名しない代わりに、授業の中で、必ず発言や発表の機会が得られることを保証してあげましょう。

「Good job! 最後にいいこと言うね！」

状況の理解 ＋ **記憶** ＋ **気持ちの安定** ＋

『周囲が目に入らない衝動的な行動』から『状況に応じた素早い行動』へと、質を高めていくことが大切です。サッカーのシュートと同様に、状況に応じたプレーが目的達成につながることを、授業という状況を通して学び、『暗黙のルール』を身に付けられるようにしていきましょう。

「あ、今言っちゃダメか…」

47

★Aruaru Song【あるあるそんぐ】⑤★

Hello に Hello

How are you? に How are you?

状況の理解
ココ Support!
暗黙のルール

・挨拶の言葉を、つい何でもRepeatしてしまう子ども

あ、ちがった

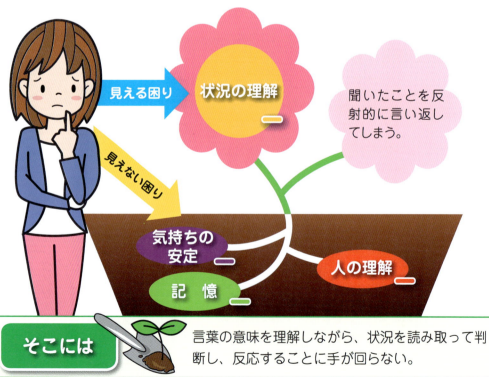

見える困り → 状況の理解

聞いたことを反射的に言い返してしまう。

見えない困り
気持ちの安定
記憶
人の理解

そこには 言葉の意味を理解しながら、状況を読み取って判断し、反応することに手が回らない。

聞いた言葉をそのまま repeat してしまう子どもがいます。

状況の理解 + 記憶 + 人の理解

やりとりを単純なルーティンとして、つまり機械的な反射として反応してしまう子どもがいます。「ただいま」「おかえり」のような意味のあるやりとりであることを伝えましょう。日本語表現が理解の受け皿となるので、知識をもとに、言葉をrepeat しない場合があることを確かめましょう。

気持ちの安定 + 記憶 + 身体

反射的に repeat してしまいがちな子どももいます。友達のやりとりを見て言葉の順序を覚えたり、板書の例を見て確かめながら言えたりするように、活動の場を工夫しましょう。「発音を思い出す」「口を動かす」「言葉の意味を考える」「言葉の順序を考える」などの思考や行為を同時に行うのが苦手な子どももいます。挨拶よりも複雑な会話を行う、インタビューなどの場面では、その場で考えながら話すことは難しくなるかもしれません。視覚教材によって思い出すことがフォローされたり、発音がフォローされたりすると、コミュニケーション活動に取り組みやすくなります。思考や行為の煩雑さが解消されると、安心して力を発揮しやすくなるのです。

気持ちの安定 + 人の理解

単純な言い間違いは、すぐに直すことができます。しかし、考えることや話すことに難しさがある場合は、一朝一夕には間違いが解消しません。失敗が続くと自信も意欲も失います。また、言い間違いを友達に笑われたり厳しく指摘されたりする空気があると、発言に恐怖すら感じてしまいます。「Don't mind!」と、間違いを温かく受け止めたり、「All right!」と、笑って軽く流せたりできるような雰囲気で、リラックスして表現できることが大切です。

★Aruaru Song【あるあるそんぐ】⑥★

♪ まちがえ たく ない

♪ まちがえ て な い

気持ちの安定 ココ Support! 正解への固執
・間違うことが嫌な子
・返答や反応に時間が掛かる子

「間違ってないよ」

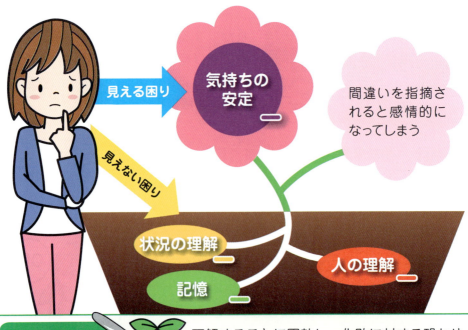

見える困り → 気持ちの安定 — 間違いを指摘されると感情的になってしまう

見えない困り → 状況の理解／記憶／人の理解

そこには 正解することに固執し、失敗に対する恐れや、想定外の結果を認められない気持ちがある。

間違うと腹を立ててしまう、動揺する、涙ぐむ、という子どもがいます。また、間違うかもしれない不安を強く感じて、返事に時間が掛かったり、明確な返答ができずに終わってしまったりする子どもがいます。

状況の理解＋気持ちの安定＋人の理解

「負けず嫌い」的に正解に固執する子どもの場合、考え方が All or nothing で、正解することしか想定していないことがほとんどです。そのため、間違ってしまうと"この世の終わり"のように感じて、冷静な判断ができなくなってしまいます。怒りや悲しみ、不安による沈黙に支配されてしまいます。そこで、『正解する』という願いを実現するために、いくつかの方法があることを教えましょう。

「やりなおせば大丈夫！」という成功パターン

「教えてもらえば大丈夫！」という成功パターン

状況の理解＋人の理解＋記憶

算数の答えのように、正しい答えが一つだと思っていたり、間違うのはダメなことだと思っていたりすると、現実をうまく受け止めることができません。「I don't know.」をうまく使うことやジェスチャーによる表現も含めて、状況に応じていくつかの表現方法を選択できることや、最後には「OK」となるように HELP を求めてよいことなどを知り、コミュニケーションを通して場面をクリアできるようにしましょう。

★Aruaru Song【あるあるそんぐ】⑦★

ちゃん と しろって しか られ た

めん ど く さ い

身体 ココ Support! 姿勢の保持

・姿勢が崩れやすい子
・集中が持続しない子

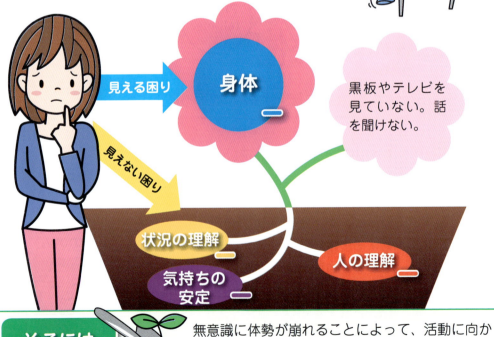

見える困り → 身体

黒板やテレビを見ていない。話を聞けない。

見えない困り → 状況の理解 / 気持ちの安定 / 人の理解

そこには  無意識に体勢が崩れることによって、活動に向かえなくなる。筋力の弱さや緊張のゆるさがある。

座る姿勢が悪かったり、友達とのおしゃべりが目立ったりするために、いつも注意される子どもがいます。

状況の理解／気持ちの安定／身体

姿勢の悪さも「結果の姿」です。そもそもの原因は、『話がわからない』『聴く価値を感じない』かも知れません。つまり、退屈を感じて姿勢が崩れたり、友達に刺激を求めたりしているのです。無意識に感じている疲労感や友達の刺激を上回るような、思わず見たり聞いたりしたくなる教材を提示したり、表情豊かで目が離せないような楽しいジェスチャーを駆使して魅力的に話したりすることが大切です。退屈を感じさせない、テンポの良い授業や、期待感のもてる活動の構成も工夫しましょう。

身体／人の理解

姿勢の問題は目につきやすく、先生や友達から頻繁に指摘されやすい部分です。しかし、本人には「悪いことをしよう」という意図がないので、注意されたことを理不尽に感じることがあります。注意をした側に「悪意がある」と捉えてしまうこともあります。否定的な言葉ではなく、「聞いてくれてありがとう」と、肯定的な表現で子どもの注意を引くことができるようにしましょう。

★Aruaru Song【あるあるそんぐ】⑧★

ゲームに かちたい
まけたく ない

気持ちの安定 ココ Support! 勝敗への固執

・負けると怒り出す子
・負けそうになるとやる気を失ってしまう子

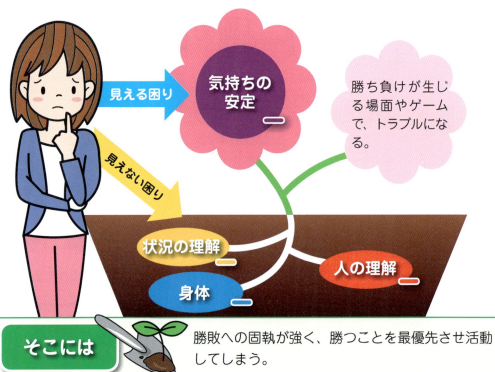

見える困り → 気持ちの安定

勝ち負けが生じる場面やゲームで、トラブルになる。

見えない困り → 状況の理解 / 身体 / 人の理解

そこには 勝敗への固執が強く、勝つことを最優先させ活動してしまう。

1番になりたい、先頭に立ちたい、必ず勝ちたいという思いが強く、思い通りにならないと活動できなくなってしまう子どもがいます。

『勝ち』に執着する子どもは、「勝つことが全て」であり「負けることは許されない」という強い思いをもっています。その結果、とても自己中心的な言動をしているように見えます。負けたことを友達のせいにしたり、自分が勝つまで勝負をしようとしたりします。自分も相手も満足できるようなWin&Winになるルールを工夫しましょう。

目的の設定　結果が数値化されていると、わかりやすく、目的化しやすくなります。勝ち負けではなく、規定の回数をクリアすることを目的にしてみましょう。

『勝ち』の保障　勝った子どもは勝負から離れるようにします。最後に残った子どもは先生と勝負して、全員が勝って終わることができるようにしてみましょう。

基本のルール　「負けても怒ったり泣いたりしないでください。」というルールを明示するだけでも効果はあります。「次回も続きをします。」と、決着が持ち越されることを伝えると気持ちが納まる場合もあります。

不器用さや衝動性が見られ、失敗経験の多い子どもは、ゲームに勝ちたい欲求が強い傾向があります。満足感が落ち着きにつながるので、勝たせてあげる配慮も大切です。気持ちに余裕が生まれると、友達を尊重して「Please！」と順番を譲ったり、「Congratulation！」と称賛したりしやすくなります。

★Aruaru Song【あるあるそんぐ】⑨★

べんきょう　なのか？

ゲームや　うたが？

状況の理解
ココ Support!
学びの自覚

・遊びの時間のように楽しむ子
・何を勉強しているのかわからなくなってしまう子

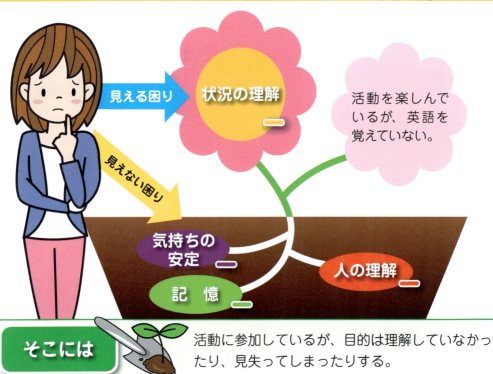

見える困り → 状況の理解

活動を楽しんでいるが、英語を覚えていない。

見えない困り → 気持ちの安定／記憶／人の理解

そこには　活動に参加しているが、目的は理解していなかったり、見失ってしまったりする。

ゲームや歌のような活動が多いと感じ楽しんではいるが、学習している実感が希薄で、集中できなかったり、不安を感じたりする子どもがいます。

楽しむことは外国語活動のねらいなので、リラックスして活動できること自体は問題ではありません。しかし、説明を聞き取る場面や、指示に沿って活動する場面で興奮が収まらず、活動に支障を来してしまう場合があります。注意して見る、注意して聞くという力を発揮しながら集団の活動に参加できるように、サイン（合図）を設定しましょう。

時間の設定　テレビ画面にタイマーを表示するなどして、活動の区切りを明確にしましょう。

BGMの活用　コミュニケーション活動などの際に、BGMを流します。活動時間に合う長さの曲を流して、曲の終わりが終了の合図としたり、音量を下げることで終了を予告したりなど、聞いて状況を把握できるようにします。

そろそろ終わりだ

国語や算数では、『書いて練習して覚える』学習を通して習得します。また、文字を正しく覚えることで勉強した実感が得られる場合も少なくありません。そのような子どもにとっては、書く活動を通して英語を習得しやすい側面があります。また、名刺交換のように、具体物をやり取りすることで言葉をやり取りする手順を理解し、友達と関わった実感が得られやすくなります。インタビューしたことをメモに書く活動も、コミュニケーションできたことを実感しやすい活動です。

勉強した

★Aruaru Song【あるあるそんぐ】⑩★

うたが はやすぎ
おいつけない　まにあわない

気持ちの安定
ココ Support!
正解への固執

・英語の歌をうまく歌えない子
・チャンツにうまく乗れない子

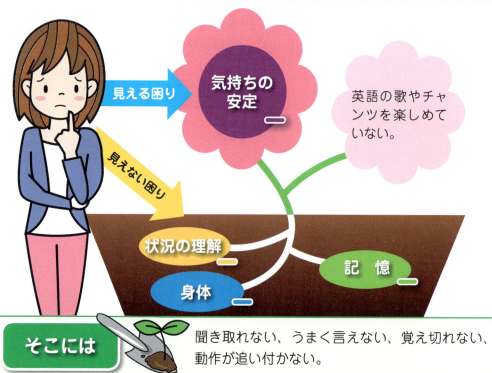

見える困り → 気持ちの安定

英語の歌やチャンツを楽しめていない。

見えない困り → 状況の理解／身体／記憶

そこには 聞き取れない、うまく言えない、覚え切れない、動作が追い付かない。

歌うことに抵抗があるような子どもや、言葉のタイミングや動作をうまく合わせられない子どもがいます。

状況の理解 ＋ **気持ちの安定**

歌うためには歌詞を覚えていなくてはなりません。しかし、英語の歌詞は音を聞き取ることが難しかったり、意味をイメージすることが難しかったりすると、謎の呪文のような無意味な音の羅列にしか聴こえないのです。とくに、歌詞を正しく歌いたいと考えている子ども（日本語だったらうまく歌える子ども）は、うまく歌えないことに不安を感じてしまいます。そこで、歌詞の発音や意味がわかるような掲示物や、言葉や振付をゆっくり確認する場面などを準備しましょう。

状況の理解 ＋ **記憶** ＋ **気持ちの安定**

理解の手掛かりになる掲示物　動画に歌詞が表示されても、画面が切り替わると消えてしまい、確認できません。歌詞カードなど、必要な時に必要な個所を見ることができるものを用意しましょう。

身体 ＋ **状況の理解** ＋ **記憶** ＋ **気持ちの安定**

練習場面の保障　ジェスチャーやダンスの振り付けなど、動きがある方が、言葉（発音）を覚えやすい子どもがいます。その一方で、動作が入ると、やることが多過ぎてうまくできなかったり、遅れてしまったりする子どももいます。子どもの実態に合わせて、「まず、○○をがんばろう。」と、優先順位を決めてあげるなどの配慮をしましょう。口が回らない場合は、まず、ゆっくり言えるようになることから始めるのが良いでしょう。発音が解明できれば、覚えることができ、歌ったり体を動かしたりすることも同時にできるようになっていきます。

★Aruaru Song【あるあるそんぐ】⑪★

a　d　b　p　どれがど　れ？
q　と　9　は　おなじキュ　ウ？

状況の理解
ココ Support!
ディスレクシア

・文字の区別が難しい子

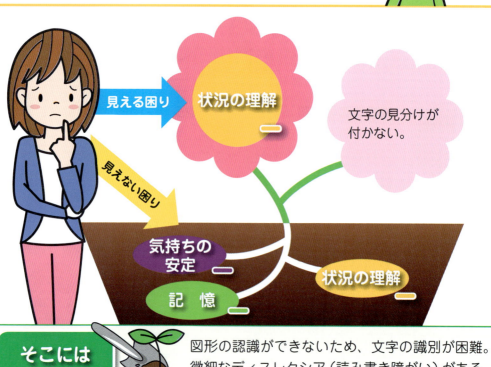

見える困り → 状況の理解
文字の見分けが付かない。

見えない困り → 気持ちの安定／記憶／状況の理解

そこには 図形の認識ができないため、文字の識別が困難。微細なディスレクシア（読み書き障がい）がある。

平仮名の「わ」と「ね」、片仮名の「シ」と「ツ」のように、形の似ている文字の区別が難しい子どもがいます。見慣れていないアルファベットは、いっそう混乱しやすく、読みにくさや覚えにくさがあります。

　また、学習障がいのひとつに、ディスレクシア（読み書き障がい）があり、文字の形が似ているかどうかにかかわらず、文字の読み書き全般に困難が見られる場合があります。

記憶 ＋ 状況の理解 ＋ 気持ちの安定

読み方がわからなければ、アルファベットは意味のない図形にしか見えません。まず読み方を覚えてから、文字の形の違いに注目して見分けられるようにしましょう。大文字と小文字の関係は複雑に見えますが、平仮名と片仮名のような『同音異字』の関係であり、文字数は日本語と比較すれば少数です。しかし、日常的に触れることが少ない言葉は、習得に時間が掛かってしまいます。授業では、単語に読み仮名を付けたりするなど、アルファベットを読めないことが学習に参加する妨げとなってしまわないような、配慮や工夫が大切です。個別に読み仮名を付けたアルファベットカードなどを活用しましょう。

A	B	C	D	E	F	G
エイ	ビー	シー	ディー	イー	エフ	ジー
a	b	c	d	e	f	g

状況の理解 ＋ 記憶 ＋ 気持ちの安定

ディスレクシア（またはその疑い）の子どもの場合は、読み書き自体に困難があるので、音声を聞いて覚えたり理解したりできるように、デジタル教材を活用しましょう。また、書くことも困難なので、書く活動の場合はなぞり書きの教材を用意したり、話して表現する活動に振り替えたりなどの、配慮が必要です。

★Aruaru Song【あるあるそんぐ】⑫★

みえないから みない

みたから みない

気持ちの安定 ココ Support! 学習意欲

・よそ見が多い子
・集中が続かない子

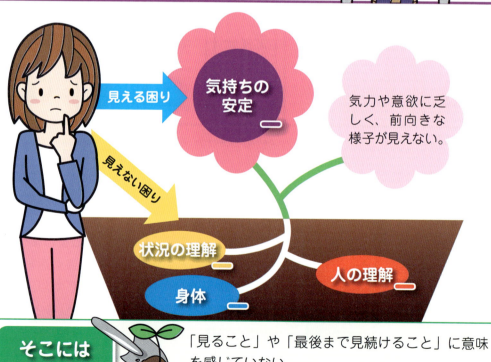

見える困り → 気持ちの安定

気力や意欲に乏しく、前向きな様子が見えない。

見えない困り → 状況の理解／身体／人の理解

そこには　「見ること」や「最後まで見続けること」に意味を感じていない。

集中が続かない子どもは、やる気がないように見えます。本当にやる気はないのでしょうか。少しの工夫で、子どもは変わるようです。

気持ちの安定 + 状況の理解 + 記憶

目を向けようと思っても注視ができない子どもがいます。近くに座っている友達のちょっとした身じろぎに目を奪われ、静止している先生や黒板の文字を見続けられない子どもがいます。静止した物を見続けることが苦手で、動きのある物を見付けたり目で追ったりすることが得意なのです。一見すると"気が散っている"ように見えますが、そのような子どもは無意識に"見やすいもの"を見ているだけなのです。先生の話や教材が"見づらい""変化がない"物では、見ることも見続けることも難しくなる場合があります。先生の声や表情が魅力的で、大きなジェスチャーが変化に富んでいれば、刺激的で注目しやすくなります。外国人の方に見られるような大きな動きで、見ることが苦手な子どもを引きつけましょう。何よりも「楽しい！」という気持ちが期待感や信頼感を生み、「見たい！」という意欲を高めます。

状況の理解 + 身体

「見る」ことに自信があり、記憶力のある子どもは、最後まで見届けようとしません。一瞬見ただけで「覚えた！」と確信しているからです。そのため、教材や先生の動きに変化がなければ、見続ける必要を感じません。「ちらっと見ればわかる。」「話は耳だけで聞けばわかる。」と思うからです。

音声と共に画像が変化するデジタル教材は、音や動きの変化が刺激となり、注意力を喚起しやすいものです。注意を持続させる習慣づくりにも、とても有効です。楽しい動画を視る時こそ、きちんと目や耳を向け、姿勢を整えるように指導しましょう。ささいなことであっても指導事項として念頭に置き、声がけをしていくことが大切です。

よい姿勢で体、目、耳を駆使して周囲の情報をもれなく確実に自分に取り込む力を伸ばしていきましょう。

★Aruaru Song【あるあるそんぐ】⑬★

きー こえな いけど
きー にー し ない

気持ちの安定 ココ Support! 学習意欲

・話を聞いていない子
・下を向いている子

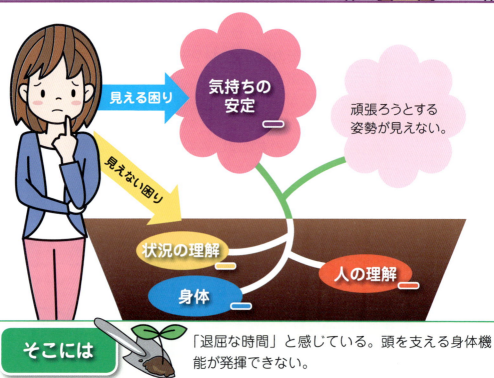

見える困り → 気持ちの安定 … 頑張ろうとする姿勢が見えない。

見えない困り → 状況の理解／身体／人の理解

そこには:「退屈な時間」と感じている。頭を支える身体機能が発揮できない。

話を聞いていない子どもは、やる気がないように見えます。本当にやる気はないのでしょうか。何か理由があるようです。

状況の理解 ＋

騒然とした中から特定の声を聞き取ったり、小さな声や不明瞭な音声を聞き取ったりすることが得意ではない子どもがいます。「一言も漏らさずに聞こう。」「最後まで聞かなければいけない。」という気持ちが強ければ強いほど、一部分が聞こえなかったり、周囲がうるさくて聞き取りづらかったりすると、気持ちが削がれてしまいます。授業の中で盛り上がりと落ち着きのある場面をつくり、音に集中しやすい環境を整えましょう。「静かにして！」という注意が飛び交うのではなく、子どもたちが主体的に静かになることができるように、時間を決めて活動したり、ＢＧＭの終わりと共に活動を終えたり、などのルールを決めてみましょう。

記憶 ＋ / 気持ちの安定 ＋

話を最後まで聞いていても、内容の全てを覚えきれない子どもがいます。情報量が多いために、理解しきれない、全部を覚えきれない、と感じて聞くことを諦めてしまいます。短く端的な表現で、指示などが明確な話し方を心掛けましょう。外国語活動で扱う英語表現は短いものが多く、繰り返しの活動も設定されていて、『聞き取る』そして『覚える』という学習が取り組みやすいものになっています。シンプルな言葉のやりとりを反復できるので、最後まで聞き取り、覚える学習に向いています。

気持ちの安定 ＋ / 人の理解 ＋ / 身体 ＋

わかりづらい話だから聞かない、退屈な話を聞こうとしない、のは当然です。学習意欲が減退すれば、姿勢も崩れてしまいます。思わず身を乗り出して聞きたくなるような、わかりやすくて、興味を惹きつける話をしましょう。外国語活動には豊富な視覚教材やテキストが用意されていますが、最も効果的なものは先生に他なりません。豊かなジェスチャーや表情に努めて、英語表現をしましょう。よく見たくなる、最後まで聞きたくなるような、先生の話だからこそ、体を向け、姿勢を正して聞く必要感が生まれます。聞く姿勢が習慣化することにより、身体機能も高められていきます。

★Aruaru column ②★
【あるあるコラム②】

　先生がどんなに子どもを指導しても、対象が見づらいもの、聞きづらいものであれば、集中は持続しません。「見づらいものを見せられる。」「聞きづらいものを聞かされる。」という状況が続けば、努力して見聞きしようという気持ちが薄れてしまうのは当然のことです。聞く価値のある情報、楽しさのある話を心掛けることで、子どもたちは惹きつけられ、よく見ようとする態度、よく聞こうとする態度が育まれていきます。

学習とは、人間の能力を生かし伸ばすこと

　人間には本能的な認知機能が備わっています。例えば、色や形から木の実が食べられるかどうか判断する能力があります。色や形を見分ける視知覚、匂いや味などを含めて記憶する能力、そして過去の経験と照らし合わせて判断する能力です。動くものを察知することで危険から逃れることができますし、獲物であれば捕らえたりするための動体視力や運動能力も、生きるためには欠かせないものです。そのような、進化の過程で身に付けた人間の能力が、現代に生きる私達にも備わっています。

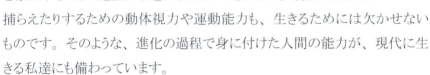

　音声を聞き分けたり文字の認識をしたりする能力は、厳しい自然環境を生き抜いていくために獲得された人間の能力が応用されているものであると言えます。現代に生きる私達は、生まれつき備えている認知機能や身体機能を発揮して生活しています。学習とは、そのような人間のもつ能力を、より良く高め、働かせるための活動です。子どもが学習しやすい教材の工夫や活動の工夫とは、人間が備えている認知の仕組みや身体機能を生かすための工夫なのです。

動いているもの、わかりやすいものに惹きつけられる

　人間の感覚は、より刺激的なものに惹きつけられます。視覚では、静止しているものよりも動いているものに目を奪われます。また、長いセンテンスを聞き取るよりも視覚的にキーワードを提示された方が理解しやすくなります。外国語活動の教材や活動は、人間の感覚がもつ特性を生かしやすいものになっています。

頭が下がると、前が見えない

　当たり前ですが、頭に連動して目も耳も下を向きます。授業が退屈で刺激が無ければ、疲労感によって、子どもは頭を下げてしまいます。ビデオカメラが下を向き、地面だけが録画されるのと同様に、頭が下がると情報が脳に送られず、学習が成り立ちません。

やる気不足？体力不足？

　筋力が弱かったり、疲れていたりしても頭は下がりやすくなります。どんなに「やる気」があっても「体力」や「身体機能」によって耐えられない場合もあります。学習に向かうことができる程度の体力を育てる『体つくり』も学習の持続のために重要です。

学ぶ楽しさが実感できる学習体験が良い姿勢を育む

　教材の刺激力だけで集中力を持続させるのには無理があります。もう少し待てばチャンスが来ると期待できれば、腕が少々疲れてもビデオカメラを構え続けます。つまり、先生の話や授業の展開に期待感をもつことができれば、授業中に顔を上げ続けることができ、目と耳で情報を捉えながら学習経験を豊かなものにできるのです。苦労すればおいしい木の実や栄養豊かな肉が手に入ると知ってこそ、困難を乗り越えようとする意欲や向上心が生まれます。

　外国語活動に限らず、学ぶ楽しさの実感によって子どもは惹きつけられ、良い姿勢や集中力、すなわち学習態度が育まれるのです。

★Aruaru Song【あるあるそんぐ】⑭★

はつおん おぼえた
いみは わからない

記憶 ココ Support! ワーキングメモリ

・意味を覚えられない子
・意味を答えられない子

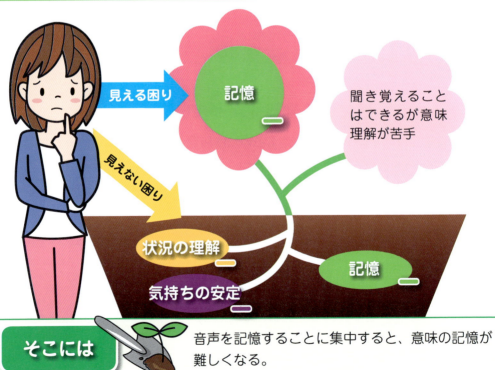

見える困り → 記憶

聞き覚えることはできるが意味理解が苦手

見えない困り → 状況の理解／気持ちの安定／記憶

そこには 音声を記憶することに集中すると、意味の記憶が難しくなる。

言葉を聞き取って覚えることは、ごく普通に行われる学習行為です。しかし、ワーキングメモリが未発達で、特に馴染みのない外国語の場合は、「聴きとる」「音を覚える」「意味をイメージして捉える」という脳の働きを同時的に行うことの難しい子どもがいます。同様に、「言いたいことの意味を表す英語を思い出す」「発音を思い出す」「口を動かす」「語順を思い出す」などが同時的に行えず、うまく話せなくなってしまう場合も考えられます。

状況の理解 ＋ 記憶 ＋ 気持ちの安定

発音を手助けすることによって意味理解や記憶を働かせるゆとりを生み出す

　「発音」に「記憶力」を使わなくても済むように、英語に読み仮名を付けて提示してみましょう。仮名文字を読むという情報処理は、ほぼ自動的に行われる処理なので「記憶力」にはほとんど負担を掛けずに済みます。アルファベットを見て発音を想起したり、おぼろげな記憶を呼び起こしたりする状況に迫られると、自信を失ってしまう可能性が考えられます。英語の意味理解を促すスモールステップとして、読み仮名は有効です。一般的に、外国語はカタカナで発音が示されますが、児童の実態によってはひらがなが適切な場合もあります。

What's this?
ほわっつ でぃす

記憶

言葉の意味や状況を可視化する

　英語の意味を、日本語の言葉で覚えたり思い出したりする場合、脳内の言語中枢にだけ負荷が掛かってしまいます。言葉ではなくイラストや動画などの視覚的イメージとして意味を捉えることができれば覚えたり、思い出したりしやすくなります。これは、身近なものや、よく知っているものであれば記憶力に負荷が掛かりません。馴染みのない物事や初めて知る言葉を取り扱う場合に可視化が必要です。

キューカンバ？
なにそれ

身体

体験的に覚える

　口だけで「発音」するよりも、ジェスチャーを加えたり、小道具を使って寸劇化したりするほうが覚えやすい場合があります。多様な感覚を刺激され、"体で覚える"ことができるのです。体験を通して印象を強めることにより、意味や発音を覚えやすく忘れにくくなります。

★Aruaru Song【あるあるそんぐ】⑮★

えいごが ながい
さいしょの ことば なん だっ け？

記憶 ココ Support! ワーキングメモリ
・言葉を聞き漏らす子
・言葉を言い落とす子

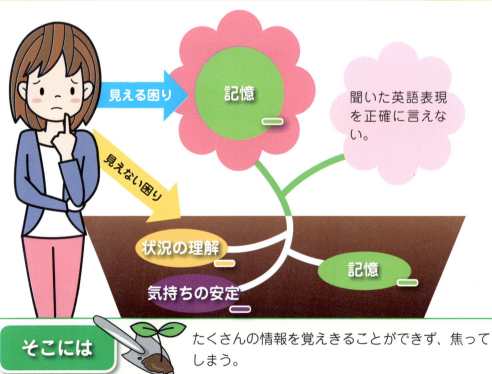

見える困り → 記憶
見えない困り
聞いた英語表現を正確に言えない。
状況の理解
気持ちの安定
記憶

そこには たくさんの情報を覚えきることができず、焦ってしまう。

たくさんの情報を一度に覚えきれない子どもがいます。これは文レベル、単語レベル、音レベルでも起きます。また、覚えていることでも、瞬時に思い出すことが難しく、不安や緊張を感じてうまく話せなくなってしまう場合もあります。

文を短くして覚えやすくする

　たくさんの言葉を同時に覚えることが難しい場合、とくに「発音」に気を取られてしまうと、文を構成する全ての言葉を覚えきれなくなってしまいます。そのような児童は、長いフレーズをリピートすることが難しいので、可能な限り配慮しましょう。先生が関わり、発音を手助けしたり、黒板に発音が提示されていて読むことができたりするような支援があると良いでしょう。

　短期記憶が苦手な場合（すぐに覚えることが苦手）でも、言葉が長期記憶として思い出せるようになる場合があります。短期記憶と長期記憶は働いている脳の部位や記憶の仕組みが異なっていると言われています。すぐに覚えられない、思い出せないからといって諦める必要はありません。学習方法としては、従来通り繰り返し発音したり読んだりすることで定着が図られると考えて良いでしょう。

安心して英語を話すことができる雰囲気づくり

　正確さを求めようとすると、曖昧な記憶に不安を感じてしまいます。また、「間違いを指摘されたらどうしよう。」「笑われたら嫌だな。」など、過去の失敗経験から不安を感じてしまうケースも多いと考えられます。「〇〇だよ！」と友達が教えてくれる場合もよく見られますが、教えてもらった子どもにとっては自力解決になっておらず、その場はクリアできても学習にはなっていません。また、「間違ってもいいんだよ。」という言葉がけも、間違いたくない子どもにとってはプレッシャーに感じてしまいます。

　間違いを温かく見守ることができる学級集団づくりが大切です。間違ってもやり直せば良いことを子どもたちが理解し、お互いを尊重する態度を育てたいものです。間違いを起こしやすい子どもでも、真剣に学習に取り組んでいます。Don't mind!　Good job! など、相手を認めたり、共感的に捉えたりできる人間関係の中で、安心して表現したりコミュニケーションを行ったりできるようにしましょう。

★Aruaru column③★
【あるあるコラム③】

「つまずき」は学びの循環をつながりにくくする

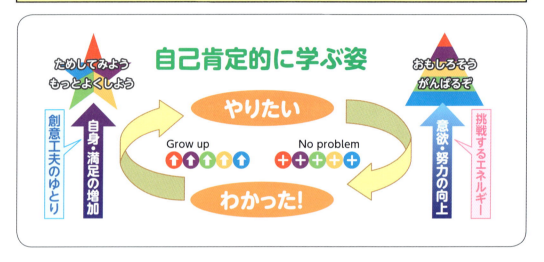

『学びの循環（＋）』

　「困り」や「つまずき」のある子どもには、理想的な『学びの循環』が生まれにくくなります。授業の序盤では、問題意識が意欲喚起につながらず、むしろ苦手意識を誘発します。また授業の終盤では問題解決に至らず、自信や満足を得ることができません。

　多くの場合、学習活動のすべてに困難が生じている、という訳ではありません。『学びの循環』のどこかがうまくつながらなくなっているのです。ちょっとした「わからない」「できない」によって理解や活動がつながらず、その結果、失敗経験が蓄積されていきます。「困り」の原因である「つまずき」、すなわち「見えない困り」を見付けて、適切な支援の手を差し伸べることができれば、「困り」の深刻化を防ぐことができます。しかし、見えない「困り」を見過ごしてしまい、子どもに対して『できない』という評価を与え続けると、「困り」が重篤化し、できることまでできなくなってしまいます。なぜなら、学習の原動力である『意欲』や『自信』を失ってしまうからです。

事後の対応だけでは、教育的な支援につながらない

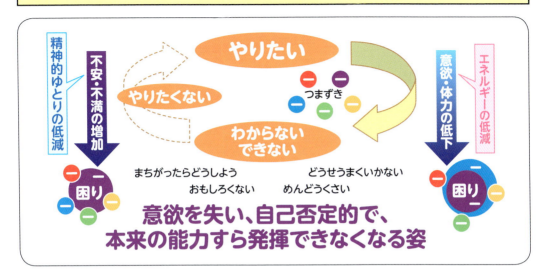

　学習がうまくいかないと、不安や不満が高まっていきます。周囲の物事に過敏に反応したり、イラつきが暴言や暴力になったりなどの反応が見られるようになります。気が散りやすい、疲れやすく飽きやすい、といった姿も見られます。本来の「つまずき」に起因するのではない、不安や不満によって引き起こされる「困り」が目立つようになっていくのです。それは『結果』的な姿であり、そこに事後の対応策を施しても根本的な支援にはなりません。「つまずき」に目を向けてこそ、予防的で教育的な支援となるのです。

外国語活動の学習効果と波及効果

　外国語活動は、思いを伝えることの大切さや楽しさを感じながら、コミュニケーションの基礎を体験的に学ぶことができます。友達に話しかけ、返事をもらい、「うまくできた」満足感を得られます。イラストや動画を楽しく見たり、友達と一緒に声を出したり体を動かしたりして、日常のストレスを発散・解消できる効果も期待できます。外国語活動という学習を通して、"伝える楽しさ、伝わったうれしさ"や"活動できる満足"を感じることが、日常の人間関係や学習活動全般に良い効果をもたらす可能性があるのです。

★Aruaru Song 【あるあるそんぐ】⑯★

ゲーム を し た ら

なんだか て が いた い

気持ちの安定 ココ Support! 学習意欲
・ゲームに夢中になる子
・活動をやめられなくなる子

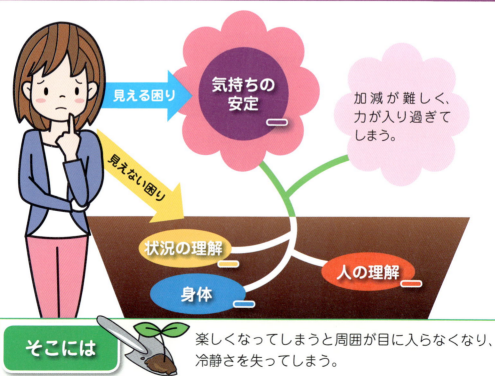

見える困り → 気持ちの安定

見えない困り → 状況の理解／身体／人の理解

加減が難しく、力が入り過ぎてしまう。

そこには 楽しくなってしまうと周囲が目に入らなくなり、冷静さを失ってしまう。

つい夢中になって、周囲の状況が目に入らなくなってしまう子どもがいます。また、夢中になって力が入り過ぎたり、力加減が上手ではないために力が入りすぎたりする子どももいます。

活動に区切りを付ける習慣を
　興奮してしまうと冷静さを失ってしまうのは子どもにとって珍しいことではありませんが、自分の意志で気持ちを落ち着かせることが難しい子どももいます。どんなに楽しい活動であっても、楽しみすぎてそこから抜け出せなくなっては困ります。あらかじめ時間の区切りを設定して、見通しをもって活動に取り組み、終わることができるようにしましょう。タイマーを使ったり、テレビ画面に時間を表示したりする方法が直接的でわかりやすい方法です。また、ＢＧＭを流して音楽を開始と終了の合図にする方法もあります。１年間を通して、また、他の教科や活動を通して、時間を意識しながら活動することや、活動に区切りを付けて気持ちを切り替える習慣を身に付けることが大切です。

力の入れ方を自覚する
　走るスピードが速過ぎて転んだり、ぶつかったりしてしまうような子どもの場合、ゲームに力が入り過ぎて手を痛めてしまったり、興奮して声が大き過ぎたりなど、学習活動に支障を来してしまう場合が見られます。自分で気付いていないことは明確に伝えましょう。
　①危険を予告する：事前に危険を伝えて慎重な行動を促す。
　②空間を確保する：ぶつからないよう、場所を広く取る。

　夢中になってしまうと視野が狭くなり、周囲が見えなくなります。その傾向が強い子どもの場合は特に、安全に関わる注意が必要です。
　また、ゲームは勝つことだけが目的ではなく、友達と一緒に楽しく学ぶことが目的であることも伝えて、感情的なぶつかりあいにならないように、相手意識をもって活動できるようにすることも大切です。無用なけがや事故につながらないように、ゲームの方法や使うものを工夫して取り組みましょう。

★Aruaru Song【あるあるそんぐ】⑰★

うまくいえない

まじめにいったら わられた

気持ちの安定
ココ Support!
学習意欲

・言い間違いが目立つ子
・できれば発表したくない子

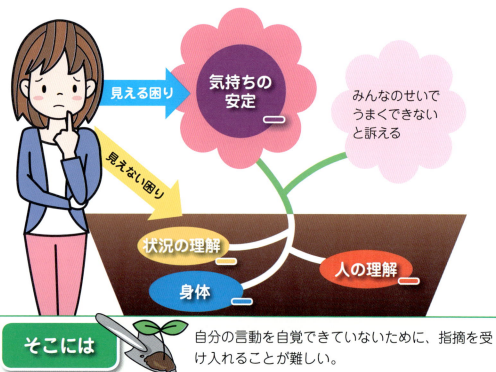

見える困り → 気持ちの安定

みんなのせいでうまくできないと訴える

見えない困り → 状況の理解／身体／人の理解

そこには  自分の言動を自覚できていないために、指摘を受け入れることが難しい。

いわゆる、口がうまく回らない、舌足らずな発音、などの様子が見られる場合があります。話している本人は正確に発音しようと努力しているのに、聞く側が「おかしい。」と感じて笑ってしまう場合があります。

うまくできない理由

　指先が不器用な場合と同様に、唇や顎や舌を器用に動かせない子どもがいます。正しい発音をスムーズに行うために、並々ならぬ慎重さや集中力を駆使して取り組んでも、うまく話せない子どもがいます。うまく話そうとして気持ちが焦り、結果的に早口になってしまったり、自信が無いために言葉が不明瞭になってしまったりする場合があります。

　ゆっくり言ってみることが、まず大切です。ゆっくり発音できるようになったら、通常の速さで言うようにアドバイスしましょう。また、学級全員でリピートするときにも、ゆっくり発音するようにすると、どの子どもも発音を確かめながら安心して話すことができます。

耳だけでは捉えきれない

　苦手な子どもにとっては、音声だけで言葉を捉えることは難しいので、視覚的に捉えることができる方法を考えます。先生が口の動きを見せるのも方法のひとつです。ポイントとなる口形を視覚的に掲示するような教材の工夫も考えられます。舌の位置や息の流れなどは、断面図で示しながら、発音を練習すると良いでしょう。

　唇、歯、舌の動きは食事にも関係します。固さのあるもの（肉やリンゴなど）を噛むことが苦手だったり、飲み物がないとパンの嚥下が難しかったりする場合は、咀嚼や嚥下に困難があり、特に舌をうまく動かせていない可能性があります。また、食べこぼしが多い子どもは口を閉じて咀嚼していない場合があるため、やはり発音（構音）に影響します。正しい食事の方法を習慣付けることも言葉の発達を促すことにつながります。

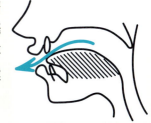

★Aruaru Song【あるあるそんぐ】⑱★

かいて ぬって きり とって
やっと できたら じか ん ぎれ

気持ちの安定 ココ Support! 手指機能

・書字や制作に時間がかかる子
・正確につくりたがる子

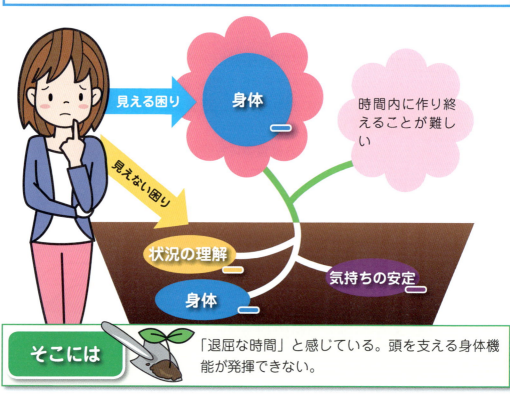

見える困り → 身体
時間内に作り終えることが難しい
見えない困り → 状況の理解／身体／気持ちの安定

そこには 「退屈な時間」と感じている。頭を支える身体機能が発揮できない。

得意な子どもにとっては、はさみを使ったり色を塗ったりする活動によって外国語活動の魅力は高まります。しかし、苦手な子どもにとっては逆に、負担感の強い活動になってしまいます。

時間が掛からない配慮
　指先の力が弱く、材料や道具をうまく支持できない、力を入れたり抜いたりする動作（緊張と弛緩を交互に繰り返す）がうまくできない、などの場合が考えられます。いずれの場合も、その子どもにとってはとても力を必要とするので、時間が掛かるのと同時に、すぐに疲れてしまいます。
　名刺づくりや表などの制作に時間が掛かることが予想される場合は、あらかじめ切っておいた紙を使ったり、枠が印刷されたワークシートに書き込むようにしたりするなど、事前に準備をしておきましょう。制作が難し過ぎないことや、サイズが小さ過ぎないことに配慮すると共に、手に持ちやすい枚数や大きさも考慮しましょう。

時間を掛け過ぎない配慮
　つくることに夢中になってしまい、形やデザインに凝り過ぎてしまう場合もあります。また、切り抜く線のズレが気になってしまい、慎重に切ろうとして時間が掛かってしまう場合もあります。絵を描いたり色を塗ったりする場合も同様に、時間を掛けすぎてしまいます。可能であれば、制作時間を別に確保し、本来の学習であるコミュニケーション活動に十分な時間を充てられるようにしましょう。
　コミュニケーションツールを自作することは効果的ですし、体験を通して英語表現に親しむことによってもより良い学習効果が得られます。しかし、時間が掛かり過ぎると活動のねらいが失われてしまいます。時間を決めて、見通しをもって活動に取り組むことができるようにしましょう。

★Aruaru Song【あるあるそんぐ】⑲★

がんばってもできない

どうせできない

気持ちの安定 ココSupport! 学習意欲
・やる気の無い子
・自分に否定的な子

見える困り → 気持ちの安定

頑張ろうとする姿勢が見えない。

見えない困り → 状況の理解／身体／人の理解

そこには 失敗経験が積み重なり、自分に可能性を感じられなくなっている。

能力的なつまずきによって数多くの失敗経験を積み重ねた結果、自己肯定感の低い態度へとつながってしまいます。本来の能力を発揮できずに、「うまくできない」「やりたくない」というネガティブ・スパイラルに拍車が掛かってしまいます。

自分に合ったレベルの学習が大切

　失敗や間違いを繰り返してしまう子どもは、多くの場合原因を自覚することができないために、自力解決ができなくなっています。先生や家族が、失敗の原因に気付いてあげて、繰り返すことがないように手助けしてあげることが大切です。

　また、自分の能力や理解力に合わない目標を目指しても、結果的に残念な気持ちになってしまいます。自分の能力で十分達成できる目標や課題を設定できるように、先生や家族がアドバイスしてあげましょう。「５年生なんだからこのぐらいできなくてどうするの？」「前期のうちにここまでできなければ困る。」と、子どもを取り巻く様々な事情があることは事実です。しかし、難し過ぎる学習のせいで意欲を失ってしまっては本末転倒です。その子どもに合った学習とは何か、子どもの能力が発揮できる活動は何か、という子どもに寄り添った適切な学習内容を取捨選択し、工夫して取り組むべきなのです。

先生の信頼が子どもを救う・・・ミケランジェロ効果

　自分すら信じられなくなっている子どもを救うのは先生との関係です。先生の役割は、間違いチェッカーやルール違反見つけばかりではありません。子どもの良さを認め、能力を引き出してより良い方向に導くことが先生の役割です。先生と子どもの信頼関係が、子ども同士の関係をもより良いものへ高め、どんな子どもも互いに認め合えるようなクラスが育つのです。

　自己肯定感が低くなってしまうと、既に問題は根深くなっていると言えます。積み重ねられた失敗経験や不満を、質的にも量的にも超えられるだけのたくさんの成功体験が必要です。１年かけて失った自己肯定感は、取り戻すために何年かかるのでしょうか。先生こそが子どもの可能性を信じることで、子どもの力を引き出してあげましょう。

★Aruaru column ④★
【あるあるコラム④】

　学習という行為は、突き詰めれば脳の働きによって行われています。学習上の「困り」は脳の働きに困難がある可能性を示しています。ですから、「困り」を特定し、理解するためには、脳の働きについて知っておく必要があります。近年、診断技術の革新的な向上と共に脳機能の研究が飛躍的に進んでいます。適切な支援を講じるためにも、脳の働きについて知識を得ておきましょう。

ワーキングメモリ

　一時的に記憶を保持し、同時処理的に念頭操作を行なう脳の機能です。前頭連合野と呼ばれる部位が深く関わっています。ワーキングメモリは作業記憶とも呼ばれ、言葉を話したり、計算を行ったりなど、学習や日常生活を支える脳の働きです。

ワーキングメモリの仕組み

　ワーキングメモリの概念にはいくつかのモデルが提唱されています。Baddeley と Hitch (1974) の提唱したモデルでは、大きく3つのコンポーネント（機能または構成単位）により構成されていると考えられています。3つの機能は、中央実行系、音韻ループ、視空間スケッチパッドと呼ばれます。音韻ループは音声情報として一時的に記憶する機能で、数や言葉、文章などを保持します。視空間スケッチパッドは視覚情報の一時的な保持を担い、視覚的イメージや位置情報などを保持します。中央実行系は、注意力をコントロールしたり、同時処理（何らかの思考や行動）を実行する際の感覚器官や身体の認知処理をコントロールしたりする役割を担います。さらに Baddeley (2000) は4つめのコンポーネントとしてエピソード・バッファを追加しました。エピソード・バッファは、音声情報、視覚情報や空間情報を統合した短期記憶を保持し、長期記憶情報（知識や経験など）との関連付けを行うと考えられています。脳のメカニズムの研究は現在も進められていますが、最新の知識を知って

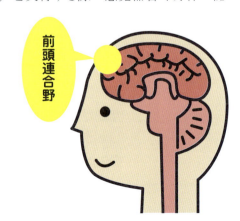

前頭連合野

おくことで子どもの「困り」を捉えやすくなります。ワーキングメモリは、記憶を一時的に保持し、判断や実行などの処理をすることができます。しかし、記憶の容量には限りがあります。記憶の容量が少ない子どももいるのです。また、音韻ループの機能に困難があれば、聞いたことを覚えるのは難しいかも知れません。しかし、見える化されたものであれば覚えることができ、考えることもできるかも知れないのです。中央実行系に困難があるとすれば、見聞きしたことを認識して「あ！」と気付くような活動は得意でも、それらを覚えたり考えたりすることは難しいのです。

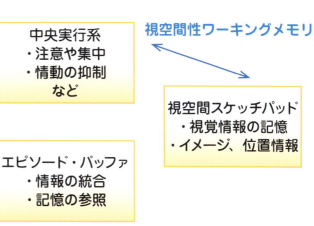

ワーキングメモリのモデル

　勉強ができる人にとっては、見聞きする、覚える、考える、思い出す、という一連の行為は自動的に脳の中で処理されていきます。しかし、聞いただけで覚えられるタイプの人もいれば、メモに書いて視覚的に捉えると覚えやすいと感じる人もいるでしょう。たくさんの情報を一度に覚えきれない経験、話しかけられると思考や行動が中断してしまうような経験もあるでしょう。それらは全て、ワーキングメモリが深く関わっているのです。ワーキングメモリの4つのコンポーネントそれぞれに困難やつまずきがあったり、メモリそのものの容量が少なかったりする場合には、学習上の困難や生活上の困難が起きると考えられます。記憶のメカニズムには、複雑なプロセスがあります。ワーキングメモリは短期記憶を担い、長期記憶には他の脳の仕組みが働いています。認知機能や運動機能にも複雑なプロセスが働いています。それらのプロセスの一つ一つについて「つまずき」が起こり得るのです。脳や身体の働きについてある程度知っておくことが、学習上の「困り」が見られる子どもを理解し、サポートする手立てを検討する助けになるのです。

★Aruaru Song【あるあるそんぐ】⑳★

あ れ？ つぎ は なに を する？

お わっ たら どう する の？

気持ちの安定
ココ Support!
課題の理解

・活動が止まってしまう子
・活動に夢中になってしまう子

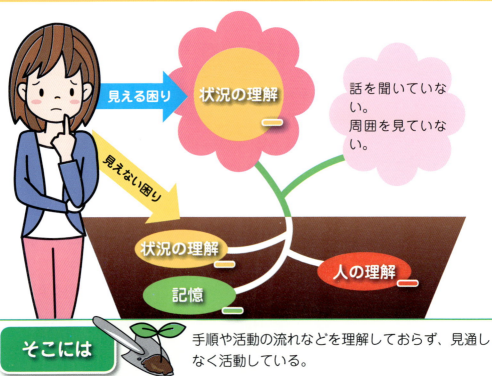

見える困り → 状況の理解

話を聞いていない。
周囲を見ていない。

見えない困り → 状況の理解／記憶／人の理解

そこには 手順や活動の流れなどを理解しておらず、見通しなく活動している。

たくさんのことを一度に覚えられない子どもの場合、説明を聞いて流れを理解できていても、一部分しか記憶できないために、活動の途中で先が分からなくなってしまいます。

授業の流れが見えるように

　ワーキングメモリには、7つ程度の記憶を短時間に保持することができると言われていますが、これには個人差があります。場合によっては1つずつしか保持できないために、新たな言葉によって記憶が置き換えられていき、最初の記憶が失われてしまうことは珍しくありません。外国語活動は、言葉の記憶を工夫して行う活動なので、授業の流れや活動の手順を言葉で記憶しておきながらコミュニケーション活動を行おうとすると、短期記憶の容量によっては困難さが生じてしまいます。授業の流れや活動の手順、言葉のやり取りを視覚的に提示することによって、覚えられなくても、提示されたものを見れば、何をしたら良いかわかる状況をつくることができます。記憶に頼らないことによって、どの子どもも安心して授業に取り組み、自ら進んで活動できるようになるのです。

友達を見ればわかるように

　周りの友達を見て、状況が判断できることも必要です。しかし、落ち着きのない子どもほど、他の落ち着きのない子どもの授業に無関係な言葉や行動に影響されやすいのです。クラスの雰囲気が落ち着いていて、授業中に騒然としないことや、行動の切替えが明確で活動が変わったことがわかることが大切です。

★Aruaru Song【あるあるそんぐ】㉑★

Cはシーで　Seaもシー
Mouthはマウス　Mouseもマウス

気持ちの安定　ココSupport!　課題の理解

・聞き取りが難しい子
・表記の区別が難しい子

同じような発音の区別が難しい。

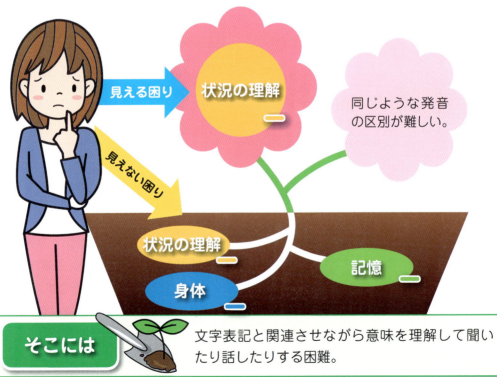

そこには 文字表記と関連させながら意味を理解して聞いたり話したりする困難。

表記が異なっているのに読み方が同じ言葉があります。また、rとl、sとth、などの、読み仮名では区別が難しい言葉があります。

同音異句を理解する

　箸と橋、歯科と鹿、などのように日本語にも、表記が異なっているのに読み方が同じ言葉がたくさんあります。このような言葉について、文字の表記と意味の違いを覚えることで見分けられるようになる必要があります。つまり、言葉の意味とアルファベットを確実に覚えていなければ、表記と音の関係を覚えることは難しいと考えられます。このような、聞き覚えるだけでは区別が難しい言葉は、漢字の学習のように、書いて覚える方法も有効です。書く練習に取り組むことで、「練習をしたから覚えた！」という自信につながったり、視覚的な記憶として思い出しやすくなったりします（書く、という行為は動作化して記憶することにもつながります）。

　また、日本語の表記では区別ができない母音や子音（日本語にない発音）は、口の形、唇や舌について、『口形』だけではなく、『動き』をよく見たり、音を聞き分けたりすることで身に付ける必要があります。『口形』はイラストで示すことができますが、正しく発音するには『動き』を理解する必要があります。指先をうまく使うことが苦手な子どもは、同様に唇や舌先をうまく使うことが苦手なのです。指先の力が弱い子は、力の弱さを補おうと無意識に力を入れ過ぎてしまいます。発音にも同じようなことが起きると考えられます。つまり、唇や舌に力を入れ過ぎてしまい、リラックスした動きや、瞬間的な細かい動きが難しいのです。短時間に身に付くことではないので、先生が、口の動きを大きくゆっくりと、繰り返し見せてあげましょう。

　発音がやや曖昧でも、その場にいる人には意味は通じます。『正確さ』を求め過ぎないことも大切です。あくまでも、言葉や発音に慣れ親しみ、楽しむことを大切にしましょう。

第3章

英語で実践してみよう

教材 "Hi, friends!" を活用して
～外国語活動の中の子どもの「困り」～

　子どもたちは、学習活動のどのようなところで「困り」を感じやすく、どのような手立てが考えられるのか。また、どのような場面で力を発揮しやすいのかについて、ここでは教材"Hi,Friends!"をもとに、見ていきましょう。

1．Hi,Friends!　1

> ＜Lesson 1＞～世界のいろいろな言葉であいさつしよう～ Hello!

○地図・地名・国旗などの知識が豊富で、知識をすぐに口に出す子どもがいます。そのような子どもの能力を生かすチャンスとなる活動です。大いに子どもをほめ、活動に参加させてあげましょう。しかし、1人で全てに答えてしまうなど、他の子どもが発言できなくなる場合もあります。「指名されてから答える」「1人1回」などのルールを明確にしておきましょう。

○名刺づくりをするとき、何をどこに書くのかイメージを浮かべられないために、不安を感じて活動できない子どもがいます。名前を書く、罫線や枠を明確にしてあげると、安心して活動を始めることができます。待つことが苦手な子どもには名前を書いた後にイラストを描くなど、好きなことがあると集中力を発揮することができます。絵が得意ではない子どもには、スタンプなどを用意して安心して活動できるようにしましょう。

○名刺交換のアクティビティーでは、友だちと関わることが苦手な子どもは活動に乗れないことがあります。この場合は、子ども同士の名刺交換にこだわらず、先生と名刺交換をしましょう。そして、手順や言葉をゆっくり再確認してあげます。安心できる友達と交換して成功する経験も自信につながります。ある程度時間を置くと行動に移ることができる子どももいるので寄り添って支えましょう。

＜Lesson 2＞〜ジェスチャーをつけてあいさつしよう〜 I'm happy.

○表情やしぐさを読み取ることが苦手な子どもがいます。写真やイラストの表情や、実際のジェスチャーを見ても意味（意図）を理解できないのです。そのような子どもの場合は、視覚教材に意味を説明する言葉を添えましょう。言葉から他者の感情や意図を理解することができます。また、やりとりを通して、表情やジェスチャーの状況に応じた意味（意図）が理解できるようにしましょう。

○活動に自信がもてないために消極的な子どもには Good! Exellent! Good job! を効果的に使いましょう。表情やジェスチャー＋言葉によって価値付けてあげることにより、「できた！」という気持ち（自己肯定感）を高めてあげましょう。

○わからなくなると不安を感じて黙り込んだり、イライラしたりしてしまう子どもがいます。そんなときに使える言葉として、Once more please. を教えてあげましょう。「わかりません。」を伝えれば"自分が助かる"経験によって、言葉で伝える良さを実感し、自分から表現することができるようになっていきます。

＜Lesson 3＞ 〜いろいろなものを数えよう〜 How many?

○ Activity2「りんごがいくつあるか、たずねよう。」は、りんごに色を塗り、同じ数のりんごを持っている友達を探す活動です。競争や勝敗が気になって興奮しすぎてしまう子どもにとって、不安や苛立ちを感じにくいので、落ち着いた気持ちで友達と関わる楽しさを味わうことができます。

○じゃんけんゲームは、勝ち負けに対するこだわりが強過ぎる子どもにとっては、配慮を必要とするゲームです。興奮して感情的になったり、負けたくない気持ちが不安や動揺を招いたりします。ゲームの目的を説明して、勝ち負けが重要ではないことを伝えましょう。

また、最後に教師とじゃんけんをするなどルールを工夫し、子どもが勝って終わると楽しい気持ちで次の活動に移ることができます。

ルールの工夫　→　最初に説明。最後に勝てる！

○How many? クイズは、素早く数えることが苦手な子どもや集中の持続が苦手な子どもは間違いを起こしやすい活動です。数え落としや重複が起きないようにイラストを拡大する、区別しやすい色や形のものを選ぶ、適度な数に調整する、などの工夫があると、安心感をもち、楽しく活動することができます。

＜Lesson 4＞　～好きなものを伝えよう～　I like apples.

○自分の好きなものを友達に伝える活動は、目的が具体的で取り組みやすいものですが、コミュニケーションが苦手な子どもは、期待通りの反応を引き出す関わり方が分からない、友達との活動に意味や面白さを感じない、などの思いから、友達に自分から話しかけることができません。たとえば、人気のあるキャラクターや流行を取り上げてみましょう。自分も友達も共通して好きなものを話題にできると、共感的なコミュニケーションを楽しみやすくなります。発音がわからない、自信がもてない、という場合も考えられます。他の単元でも共通して言えることですが、個別に英語の発音を書いたカードを使うことも考えられます。少しでも安心できれば声を出しやすいのです。

＜Lesson 5＞～友だちにインタビューしよう～ What do you like?

○友達と関わることが苦手な子どもに対しては、Lesson 1と同様の対応が有効です。まず先生が関わり、やり方や言い方をシミュレーションしてあげましょう。自信が生まれると、進んでコミュニケーションを図ることができます。

○Tシャツづくりのデザインを決められないために、不安を感じて活動できない子どもがいます。ほとんどの子どもは自由な発想を楽しみますが、自由な状況では決断できない子どももいます。例えば、色や形を選んで貼るだけの素材を用意してあげましょう。デザインを考えたり描いたりすることが苦手な子どもにとっても抵抗感をもたず

に、取り組みやすい工夫が大切です。

○Lesson4と同様に、インタビューのときに、英語の発音を書いたカードを持たせてあげましょう。安心材料があると活動しやすいのです。発音が黒板上に示されていると、話しかけるときに目線が相手から外れやすくなるので、手持ちのカードが適しています。

＜Lesson 6＞〜アルファベットをさがそう〜 What do you want?

○音と文字が結びつかない子どもがいます。アルファベットを認識するのにも、読み仮名が有効です。また、ゆっくり発音して聞き取りやすくする、文字を大きくして見分けやすくする、などの工夫をしましょう。

○「アルファベットの大文字や数字を線で結ぼう」の活動は、注視することが苦手な子どもにはHi,Friendsのページを拡大してあげましょう。見やすくすると、見付けやすくなります。また、1枚にたくさんの課題があると、他が気になって注意が逸れやすくなってしまいます。1枚に一つの課題にしましょう。情報が少なければ集中しやすいので、取り組みやすくなります。

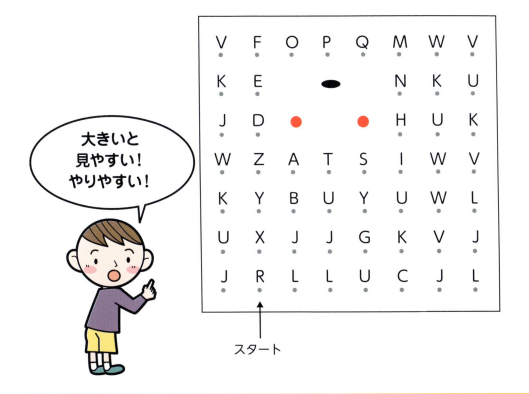

＜Lesson 7＞　～クイズ大会をしよう～　What's this?

○ポインティングゲームは、競争や勝敗にこだわる子どもへの配慮や工夫が必要です。スピードだけを競わないような工夫をしましょう。1冊の教材"Hi,friends!"を複数の子どもで指差すと接触しやすいので、トラブルのもとになります。自分の教材"Hi,friends!"を使いながら、お互いの様子が視界に入るよう工夫しましょう。ぶつかり合うことがなければ、競い合うゲームを楽しみやすくなるのです。

○グループでクイズを話し合うとき、コミュニケーションが苦手な子どもは活動が思い通りにならず、不満を抱えたり、意欲を失ったりしてしまうことがあります。子ども同士の関係性を考慮し、グループ編成を工夫しましょう。また、話し合いの順序を説明したり、仲よく話し合えるように確認したりしておきましょう。衝動的な行動が目立つ子どもは、ルールが視覚的に明示されていれば、見て気付き、守りやすくなります。

＜Lesson 8＞　～夢の時間割を作ろう～　I study Japanese.

○キーワードゲームは、競争や勝敗にこだわる子ども、そして指先が不器用な子どもや素早い動きが苦手な子どもにも配慮が必要です。消しゴムの取り合いによる接触を避け、どの子どもも楽しく参加できるように、キーワードが聞こえたらポーズを取るようなルールや、みんなより少し遅れてもヒアリングできたり反応ができたりする姿を認めるようにするなど、ゲームの内容や方法を工夫しましょう。

○夢の時間割は、勉強に苦手を感じている子どもや発想が豊かで個性的な子どもが自分の思いを生かして楽しめる活動です。面白さやユニークさが表現する楽しさにつながるように、活躍の場を保障してあげましょう。想像したことに強い不安を感じる子どももいるので、実現性や常識に囚われず自由に発想を楽しむ雰囲気づくりや、現実にはならないので心配は要らないことなどを説明してあげましょう。

＜Lesson 9＞ ～ランチメニューを作ろう～ What would you like?

○「友達にフルーツパフェを作ろう」は、具体的イメージがないと不安を感じて活動できない子どもにとっては経験からイメージを想起しやすいので安心して活動で  きます。嫌いなフルーツやアレルギーを想像したことに強い不安を感じたり嫌悪感をもったりしやすい子どもがいる場合は、アレルギー調査などに基づいて、扱うフルーツの種類に配慮しましょう。

○「ランチメニューを作ろう」の活動も、経験からイメージを想起しやすく、自分の思いを生かして表現できるので安心して活動できます。保護者に協力してもらい、家庭でランチづくりに取り組んでもらうなど、経験や実感から具体的なイメージをもつことができると、表現意欲が高まります。

○「どこの国の給食」か当てる課題は、食べることにこだわりのある子どもや地理的知識が豊富な子どもにとってイメージを喚起しやすく、興味・関心を抱きやすい活動です。子どもの特性を生かして表現ができる場面を大切にしましょう。

2．Hi, Friends! 2

＜Lesson 1＞～アルファベットクイズを作ろう～ Do you have "a"?

○アルファベットの文字には似た字があります。たとえばbとd、pとq、hとn、lとiなど、ディスレクシア（読み書きの障がい）のある子どもにとっては、混同しやすい文字があります。そのような場合には、文字の色やデザイン、背景色を変えるなどの工夫をしましょう。形以外の手掛かりによっても区別しやすいので、支障なく学習することができます。

○規則性がないと理解や記憶が難しい子どもがいます。数字の20以上は日本語に近い規則性がありますが、eleven、twelve、thirteen、fifteenは、語形が変化しているため、個々に覚える必要があります。繰り返し活動し、覚えられるようにしましょう。発音や表記の違いを意識して正しく覚えることができるようにしましょう。

＜Lesson 2＞～友だちの誕生日を調べよう～ When is your birthday?

○外国の行事が出てきます。地理的知識が豊富な子どもが活躍するチャンスです。

○日付の表現には序数が必要になります。数字とは違う言い方になるため、「なぜ言い方が違うんだ？」と、混乱してしまう子どもがいます。日本語の表現と対比しながら意味や表記の違いを教えましょう。音で覚えることが得意、文字を見て覚えることが得意、状況ごとに記憶すると覚えやすい（野球の場面を見る、動作化する）など、子どもの特性に合った教材や活動を選びましょう。

> 1～　One first

○誕生日調べは、内容が具体的で友達と関わりやすい活動です。しかし、友達と関わることが苦手な子どもや、自分の誕生日を英語でうまく言えないために参加しづらい子どももいます。まず先生とやり方や言い方をシミュレーションし、自信をもつことで関われるようにしましょう。また、個別に誕生日の発音を書いたカードがあることで不安が解消すれば、コミュニケーションに参加できるようになる場合もあります。

> ＜Lesson 3＞　～できることを紹介しよう～　I can swim.

○ポインティングゲームがあります。接触に敏感な子どもや、勝敗にこだわる子どもが、過度に刺激を感じることがないように配慮しましょう。落ち着ける状況があれば、衝動性ではなく本来の良さとして力を発揮することができます。

○友達のできること、できないことを予想してインタビューする活動があります。友達と関わることが苦手な子どもでも、Thank you. Bye. などの挨拶によって相手が思い通りに反応してくれることをたくさん経験することで、自分から声を発することに慣れたり、挨拶が返ってくる心地よさを感じることができるようになります。

○自己紹介をする活動では、自己肯定感が低くなってしまっている子どもは、自分のできることに自信がもてず、進んで表現できない場合があります。そのような子どもには、図画工作や異学年交流などの場面で良さを発揮できていたことを伝えて、どのように言えばいいのか教えてあげましょう。友達からの肯定的な反応や称賛を認識することで、自分の有用性や実績を自覚し、自信をもって表現したり友達と関わったりすることができるようになっていきます。

＜Lesson 4＞　〜道案内をしよう〜　Turn right.

○空間認知能力に困難がある子ども、特に左右を認識することに難しさがある場合は、おはじきゲームで右左が分からなくなる子どもがいます。おはじきに矢印を付けて、どちらが前なのか分かるようにしましょう。「前」という判断基準があれば、それをもとにして方向が分かります。右や左を示すマークを付けても構わないのです。どちらから見ても対象の向きと方向が分かるようにしましょう。

○ステレオゲームは、大きな音に敏感な子どもには難しさがあります。大きな声を出さないようにする、離れたところで聴けるようにする、などの配慮が必要です。また、騒然とした中で、区別して声を聞くことが難しい子どももいます。選択肢やヒントがあれば、苦手を感じずに、推測して考えながら参加することができます。

○ミッシングゲームは、すぐに忘れてしまう子どもには難しさがあるゲームです。騒がしさのない落ち着いた雰囲気であれば、他に気を取られず記憶を保持しやすくなります。また、勝敗にこだわる子どもがいる場合は、ゲームを行う中で何回か、提示する種類や数量を少なくして行うと、「できた！」と感じてモチベーションを保つことができます。

<Lesson 5> ～友だちを旅行にさそおう～ Let's go to Italy.

○国名を書いたり、国旗クイズをする活動は、地図・地名・国旗などの知識が豊富な子どもの能力を生かすチャンスです。得意な内容には負担感無く取り組むことができるので、正確な発音やスペルを確認して自信を高めてあげましょう。

○友だちへのインタビューは、目的が明確なので活動しやすいものです。コミュニケーションが苦手な子どもが、相手の考えを引き出すために言葉が有効であることを実感し、コミュニケーションによって相手理解できることを学ぶことができます。"ど忘れ"や"発音の不安"を防ぎ、スムーズにやり取りができるように、すぐに視覚教材を見て話すことができるように配慮しましょう。

○おすすめの国の紹介は、言葉とやり取りの順序を提示し、すぐに忘れてしまう子どもや発音がわからない、自信がもてない子どもが参照しながら安心して取り組めるようにする工夫が大切です。

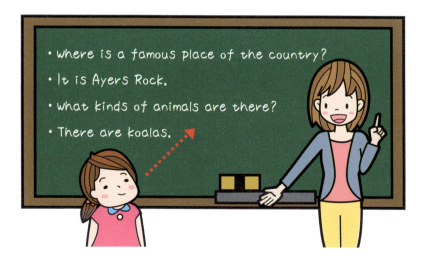

＜Lesson 6＞～一日の生活を紹介しよう～ What time do you get up?

○おはじきゲームは、競争や勝敗にこだわる子どもへの配慮や工夫が必要です。速さではなく、正確さを評価するような工夫をしましょう。判断や動作に時間が掛かる子どもも、自分のペースで安心して取り組める活動となります。

○時計の文字盤から時刻を読み取ることが難しい子どもや、長針・短針を区別して書くことが難しい子どもがいる場合は、デジタル時計を提示する、記入欄を全て数字で書き込めるようにするなどの配慮をしてあげましょう。

○自分の一日の生活を紹介する活動は、自分の生活を振り返ることにつながるので、大切にしたい活動です。説明が苦手な子どもには、経験した事実を聞き取って英語表現をアドバイスしてあげましょう。また、ジェスチャーを活用できるようにすることで、表情や身体の動きで自分らしく表現することができるようになります。

＜Lesson 7＞～オリジナルの物語を作ろう～ We are good friends.

○劇づくりはグループでの活動なので、コミュニケーションが苦手な子どもは思い通りに活動できないことがあるかもしれません。また、自分のなりたい役にしかイメージをもてない子どももいます。マイナスイメージをもたないことで表現力を発揮しやすくなるので、子ども同士の関係を考慮したグループのメンバー編成や役の決め方にしたり、役を交代できるようにしたりなど、事前に配慮事項を決めて指導しましょう。

＜Lesson 8＞～「夢宣言」をしよう～ What do you want to be?

○将来の夢をはっきり言えない子どもがいます。自己肯定感が低い子どもや、英語の言い方が分からない子ども、友達の反応に不安を感じる子ども、いずれも前向きな気持ちになれず、躊躇してしまいます。正しい答えを言わなければいけない場面ではないので、"この場では何を言えばクリアできるのか" を伝えてあげましょう。また、「I can ○○ .」の学習と関連付けて、うまくできた経験をもとにして発表に自信をもたせてあげることも大切です。

> ＜こんなゲームで困る子どもには＞
> ○ビンゴゲームは、上位になれないことを受け入れない子どもへの配慮が必要です。「次は勝てるよ！」と次回に希望をつなぐように関わってあげましょう。
> ○メモリーゲームは、記憶することが苦手な子どもには楽しくありません。よく知っている物なら覚えやすく、数が少ない方が負担感無く活動できます。
> ○ジェスチャーゲームは、空気を読むことが苦手な子どもには難しさがあります。しかし、状況と表情やジェスチャーの意味をつなげて覚えるチャンスでもあるので、ヒントを有効に使って推測が成立しやすくしてあげましょう。
> ○ラッキーカードゲームは、勝敗にこだわる子どもにとって苦手なゲームです。ラッキーカードを複数にするなど、ラッキーが増えるように工夫しましょう。
> ○カード取りゲームは、スピードを求めた結果の接触トラブルが予想されます。

　ゲームをするときには、ルールを確認しながら最終的に勝ち負けがあることを伝え、見通しや心構えをもたせてあげることが大切です。ゲームに楽しく参加することも社会性として求められる力です。負けたことを「Oh my goodness！」などと表現して、楽しく「やり過ごす」方法も指導してみてはどうでしょうか。

英語のゲームと「困り」解消アイデア
教材 "Hi, friends!" で扱う主なゲーム

<ゲームのねらいについての表記>

慣れ親しみをねらいにした活動
　①聞く活動　②口まねする活動　③記憶し自分のものにする活動

コミュニケーションをねらいにした活動
　④自分の意思で選んで発話する活動

（参考：小学校外国語活動研修ガイドブック（文部科学省）より）

1．おはじきゲーム

<ねらい>　　慣れ親しみ（①聞く活動）
<準　備>　　本やプリントなどの誌面
　　　　　　おはじき（数個〜8個程度）
<学習単元>　<Hi, friends!1>L4-1, L5-1
　　　　　　<Hi, friends!2>L4-1, L6-1, L6-2
<活動形態>　一斉授業

ゲームの進め方	予想される難しさなど
①指示した個数を選んで誌面の上におはじきを置く。	・おはじきで絵が見づらくなる。ラバーバンドなどリング状の目印を使うと、"音声"を聞きながら"絵"を見付けやすくなります。
②教師が言う語のおはじきがあれば、それを取る。	
③扱う語を繰り返し言い、その音を何度も聞かせる。	・おはじきを取ることが目的になってしまう。取ったら3回繰り返して言うなど、"音声"が印象に残るように工夫しましょう。
④おはじきを全て取ればあがりになる。	

2. キーワードゲーム・キーナンバーゲーム・キーアルファベットゲーム

<ねらい> 慣れ親しみ（①聞く活動 ②口まねする活動）

<準　備> ・消しゴムなど2人に1つ
・キーワードがわかる絵カード

<学習単元> <Hi, friends!1>L4-1, L5-1
<Hi, friends!2>L4-1, L6-1, L6-2

<活動形態> 2人

ゲームの進め方	予想される難しさなど
①児童はペアで、向かい合って座る。 ②キーワードが聞こえたときに取る軟らかいもの（消しゴム等）を2人の間に置く。 ③キーワード（キーナンバー・キーアルファベット）絵カードで確認する。 　例）学習する単語：教科の言い方 　　　キーワード："music" ④教師が言う単語を全員で繰り返す。（実態に応じて絵カードで確認） 　例）教師：English. 　　　児童：English. ⑤指導者がキーワード（キーナンバー・キーアルファベット）を言った時は、繰り返さず消しゴムを取る。 　例）教師：Art. 　　　児童：Art. 　　　教師：Music. 　　　児童：消しゴムを取る	・手や爪の接触によるトラブルの可能性がある。（夢中になると力加減が難しくなるため。） 「おちたおちた」のように、キーワードに応じたポーズをとるようにするなど、ルールを工夫してトラブルにならないようにします。それぞれ自分の消しゴムを取るようにして、場合によっては勝敗や速さではなく「同時」を喜び合うようにするなど、遊び方を工夫します。 ・全く取れない子どもがいる場合は、取った後は手をhold upのようにしたり、1回休みにしたりするなど、時差が生じるような工夫をします。

3. ジェスチャークイズ

<ねらい>　　慣れ親しみ（①聞く活動）
<準　備>　　・絵カード
<学習単元>　〈Hi, friends!1〉L2-1
　　　　　　〈Hi, friends!2〉L3-1, L6-1, L8-1
<活動形態>　一斉授業

ゲームの進め方	予想される難しさなど
（児童が初めて出会う語彙を用いて行うとよい。） ①単に語彙を絵カードなどで紹介するのではなく、児童にジェスチャーを見せながら、それが何かを考えさせる。 ②答えは絵カードなどで説明し、言い方を確認する。	・目に見えないものを想像することが難しい場合や、動作の意味を理解できない場合がある。 ・理解に時間がかかる子もいるので、即答する子のスピードで進めないようにします。擬音語や擬態語を表す、時間帯を示す、などのヒントを効果的に使い、想像を少しずつ膨らませてあげることで意味を捉えられるようにしましょう。 　正解がわからないと消極的になってしまう児童もいるので、間違った時こそ楽しく盛り上がる工夫をしましょう。 児童自身が繰り返し、挨拶や自己紹介をしながらジェスチャーで表すようにします。

4．ステレオゲーム

<ねらい>　慣れ親しみ（①聞く活動　②口まねする活動）

<準　備>　・絵カード（掲示用）

<学習単元>　<Hi, friends!1>L3-2, 4-4
　　　　　　<Hi, friends!2>L2-2, L5-2, L6-3, L8-3

<活動形態>　一斉授業

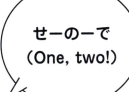

ゲームの進め方	予想される難しさなど
①児童が使う単語の絵カードを掲示しておく。	・声を聞き分けることが難しい児童は、複数の音声が一体化して聞こえてしまう。
②数名の児童が他の児童と対面して横1列に並ぶ。	状況の理解　聞き取る相手を決めて、耳に手やメガホン等を当て、一人に集中しやすい手立てを工夫します。
③前に並んでいる児童が同時に異なる言葉を使う。他の児童は誰が何と言ったのか、絵カードをヒントに聞き取り、答える。	
④他の児童が全員で一斉に質問をし、それに対して、前の児童が答える形で言葉を一斉に言ってもよい。	

5. チェーンゲーム

<ねらい>　慣れ親しみ（②口まねする活動　③記憶し自分のものにする活動）
<準　備>　絵カード（掲示用）
<学習単元>　〈Hi, friends!2〉L5-2, L6-4, L8-4
<活動形態>　4〜5人で列を作る

1)
2)
3)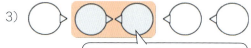
4)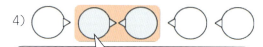

ゲームの進め方	予想される難しさなど
①5、6人が1グループで1列に並ぶ。2番目の児童が、1番目の児童に質問をする。1番目の児童が答える。 ②次に3番目の児童が2番目の児童に同様に質問をする。2番目の児童は、1番目の児童の答えに自分の答えを加えて答える。 ③これを繰り返し行い、最後の児童は、自分の列の児童の答えに自分の答えを加えて答える。	・たくさん覚えることが難しい児童は、間違いやすく、自信がもてない。 　列の先頭になると、伝達や記憶の負担が少なくなり、参加しやすくなります。 　数字の記憶が得意な児童や、生き物や食べ物などよく知っている物が記憶を助ける場合もあります。質問と回答の役割や言葉の区別が難しい場合には、先生による個別の支援も必要です。

6. ポインティングゲーム

<ねらい>　　慣れ親しみ（①聞く活動）
<準　備>　　誌面　筆記用具
<学習単元>　〈Hi, friends!1〉L5-2, L6-1, L6-2, L7-1, L8-1
　　　　　　　〈Hi, friends!2〉L3-1, L3-2, L8-1

<活動形態>　2人

児童は聞いたアルファベットや単語を指し示します。

ゲームの進め方	予想される難しさなど
①教師がアルファベットや単語を言い、各児童が誌面にあるその文字や絵を指し示す。 ②ペアで一緒に行ったり、ペアで競争したりする。 ③競争する場合は、早く指示した方が勝ちとなり、その数を「正」の字を書いたりして数えさせる。 　たくさん指し示した児童が勝ちとなる。	・たくさんの文字や絵を同時に把握できないため、時間がかかったり、不安を感じたりしてしまう。 選ぶイラストの数を少なくしたり、活動のスピードが同程度の児童をペアにしたりするなど、差が大きくならないようにします。二人ともポイントできればクリアとするなど、他のゲーム同様に競争がマイナス効果とならないように配慮しましょう。デメリットが予想されるならば、競争しないゲームにしましょう。

7．ミッシングゲーム

<ねらい>　慣れ親しみ（①聞く活動）

<準　備>　絵カード

<学習単元>　<Hi, friends!1>L2-2, L4-1, L5-2
　　　　　　<Hi, friends!2>L1-2, L2-2, L5-2, L8-2

<活動形態>　一斉授業

ゲームの進め方	予想される難しさなど
①絵カードを貼りながら、カードの示す言い方を確認する。 ②児童に目をつぶらせ、1枚のカードを隠す。慣れてきたら、隠す絵カードの枚数を増やす。 ③目を開けさせ、"What's missing?"と尋ねる。	記憶　状況の理解　気持ちの安定 見たものをすぐ記憶することが難しい子どもや、同時に複数の物を覚えることが難しい子どもがいます。覚えるための時間を保障したり、カードの数を少なくしたりするなど、難しさのある子どもも参加できるような場面を設定しましょう。

8．ラッキーカードゲーム

<ねらい>　コミュニケーション（④自分の意思で選んで発話する活動）

<準　備>　児童用絵カード　教師用絵カード（掲示用）

<学習単元>　<Hi, friends!1>L5-2, L6-3
　　　　　　<Hi, friends!2>L1-2, L5-2, L8-1

<活動形態>　グループ

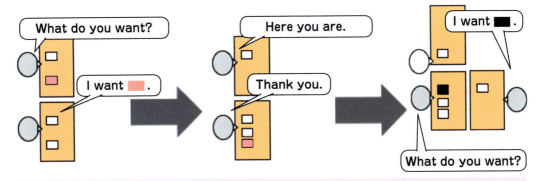

教師があらかじめラッキーカード■を決めておく。

ゲームの進め方	予想される難しさなど
①4、5人で1グループになって、机を囲んで座る。カード1セットをグループ内で分け、各児童は自分の前に絵を上にして並べる。 ②1番の児童が右隣の児童に、例えば、"What do you want?"と尋ねる。1番の児童は右隣の児童の前にある絵カードの中から選んで、"I want 〜 ."と答え、その絵カードをもらう。 ③右隣の児童は、またその右隣の児童に同様に尋ねる。これをグループ内で教師の合図があるまで繰り返す。 ④ゲーム終了時に、教師があらかじめ決めていたラッキーカードを持っている児童が勝ちとなる。	＋気持ちの安定　"I want"が言えない場合、初めは単語だけでも良いことにします。 ＋記憶　ラッキーカードのような、偶然性のある活動は、理解力や運動能力にかかわらないので、誰もが参加しやすいゲームです。 ＋状況の理解　トランプのばば抜きやじじ抜きと同じようなやり方で楽しむことができるため、活動が円滑に進みます。

学習指導案

いろいろなものを数えよう
～コミュニケーションが苦手な C 子さんの場合～

1. 成功させるポイント

外国語活動の単元末では、それまで学習した英語表現を使ってコミュニケーション活動に取り組むことが多くなります。そのためにも「友達のことが知りたい」「友達とかかわりたい」という、子どもたちがコミュニケーションを図る必然性のある活動が必要です。ここでは、その活動を「クイズを出し合い、答え合う」としました。またその活動の中で必要な英語表現を短時間で楽しく練習して、その必然性が継続できるようにします。さらに、英語表現を使ってのコミュニケーションが難しい場合についても事前に指導しながら、積極的にコミュニケーションを図ることのよさを広げていきたいと考えます。

①コミュニケーションを図る必然性のある活動として、クイズを出し合い、答え合うという【クイズタイム】の活動を設定する。
②フラッシュ型教材やチャンツなどを通して、短時間で楽しく英語表現を練習する。
③クイズにおいて、特に数の英語での言い方が難しい場合の答え方を事前に想定させる。

2. 単元名
教材 "Hi, friends! I" Lesson 3 「いろいろなものを数えよう」

本時（4時間目 / 4時間扱い）

3. ねらい（目標）

目標	積極的に数についてのクイズを出したり、答えたりしようとする。
目指す姿	"How many ～?"、"Eleven apples." などの英語表現をできるだけ使って、積極的に友達とクイズを出し合ったり、答えあったりする姿
具体的な方法	【クイズタイム】の活動設定 ・フラッシュ型教材やチャンツで楽しい練習 ・英語での数の言い方が難しい場合の事前指導

4．本時の展開

① 本時の目標

積極的に数についてのクイズを出したり、答えたりしようとする。

【コミュニケーションへの関心・意欲・態度】

② 本時の展開

子どもの学習活動	教師のかかわり
● Greeting ●今日の活動の流れを確認する。 これまでの数の学習を生かして、クイズタイムで数を数えたり、尋ねたりしよう。 1) 前時の振り返りをする。 2) フラッシュ型教材で復習をする。 記憶＋ 3) チャンツで復習をする。 4) 先生からのクイズに答えよう。 5) 【クイズタイム】 状況の理解＋ 　―クイズタイムのねらいを確認しよう。 　―進め方を確認しよう。 C1: How many apples? C2～C4: 数を予想する。 C2: 15 apples. C3: 17 apples. C4: 18 apples. ＜クイズの進め方＞ ① C1の児童はあらかじめ用意をした好きな果物がいくつかあるワークシートを数秒見せる。 ② 他の児童はそれを数えて数を予想する。 ③ C1の児童は答え合わせをする。 ④ 合っていたらシールをもらう。（±1は正解とする）。 ⑤ 同様のことをC2、C3、C4と繰り返す。 C1: 3、2、1！　17 apples! ●数の英語での言い方が分からない時はどうすればよいか考える。→ジェスチャーを使うといいよ。 ●【クイズタイム】を始めよう。 人の理解＋ ●頑張っていた友達のクイズタイムを見てみよう。 ジェスチャーなどを使って、進んで数のクイズを出したり、答えたりすることが大切だね。 クイズタイムで友だちの好きな果物もわかったよ。 6) 学習の振り返りをする。	・今日の目標の確認をして、全体の活動の見通しをもたせる。 ・クイズタイムで復習し、より自信をもてるようにする。 気持ちの安定＋ ・活動の例示や手順の板書をする。 ・困ったときの言い方を確認する。 気持ちの安定＋ ・できるだけ英語を使って活動できたことやそこまでの頑張りを褒める。

5．本時の展開

【導　入】

T （英語係は担任と並び、クラスの前に立つ。CD、PC
　　等から小さな音でチャンツをかける。）
　　Hello!

C　Hello!

T　Today is Tuesday, June 4th.
　　Today is Tuesday, June 4th.

C　Let's start silent greeting.
　（英語係が全体指示をする。）

C　OK!

C　Stand up please. Ready go!

C （声を出さずにペア（隣同士の児童）になり笑顔や身
　　振りなどで挨拶をする。）

T　OK! Very good.
　　今日のフレーズは "How many pockets?" です。
　　English leaders, one, two.

C　Let's start greeting.
　（英語係が全体指示をする。）

C　OK!
　（ペア（前後の児童）になり英語で挨拶をする。）

・いつもの挨拶に加え、一人一人にpocketsの絵カード
　を持たせて、聞かせ、答えさせる。

例

C1　Hello!

C2　Hello!

C1　How are you, today?

C2　I'm good. Thank you. How about you?

C1　I'm fine. Thank you. How many pockets?

C2　2 (pockets). How many pockets?

C1　3 (pockets). See you.

C2　See you.

> 状況の理解 +
> ※【導入】は毎時間、同じ流れで行い、安心して活動に入れるようにします。

> 記憶 +
> ※日付や曜日は難しい英語ですが、毎時間取り組みます。2回目に火曜日、6月、4日という絵カードを見せながら言葉と意味が結びつくように言います。

> 状況の理解 +

> 記憶 +
> ※「今日のフレーズ」は前時の学習内容を扱います。前時では "How many?" を学習したので、それを使って今回は子どもたちの服にいくつポケットがあるかを交流させます。この活動は本時のクイズタイムの復習ともなります。

> **C子さん**
> ※日本語でも友達とは関わりたくないので、英語ではなおさら関わりたくない。

> ※担任による個別のサポートが必要です。

T （チャンツの音量を大きくして挨拶を終了させる。児童はこの合図で着席する。）
　How many pockets do you have?
　2 (pockets)?　3 (pockets)?　Good.
　それ以上は？
　（1番多かったポケットの持ち主を紹介する。）
　それではコミュニケーション名人を発表しましょう。
C 〇〇くんの笑顔がとてもよかったです。 <人の理解+>
T Good job, 〇〇くん！友達の笑顔がよかったと感じた人は他にいますか？
C （該当児童は手を挙げる。） <気持ちの安定+>
T 笑顔がいっぱいの友達がたくさんいましたね。笑顔の他によかった点はありますか？
C △△さんは、声も大きくて、ジェスチャーもあったので、分かりやすかったです。
T Good job, △△さん！友達の声の大きさやジェスチャーがよかったという人はいますか？
C （該当児童は手を挙げる。）
T Very good. これからの活動でもコミュニケーション名人がたくさんいるといいですね。

【展　開】
T では、今日の活動についてです。今日は何をするのですか？
C 自分たちで作ったクイズをします。
T That's right. 今日はフルーツバスケットに入れた好きな果物の数について、クイズを出したり、答えたりするのですね。では、そのための"Today's Menu"です。 <人の理解+>

> **C子さん**
> ※机間指導をしながら、さりげなくそばに行きペアを組めるよう促します。 <人の理解+> <気持ちの安定+>

> ※活動に夢中になってしまうことを考え、活動の終了の合図を音楽等で知らせることをいつもの約束としています。「聴く」感覚を働かせて状況を捉える態度にもつながります。 <状況の理解+>

> **C子さん**
> ※5年生では特にコミュニケーションにおける笑顔やジェスチャー、はっきりした声などを大切にします。C子さんの頑張りをとりあげ、よいところを認めてあげましょう。 <気持ちの安定+>

T No.1、前回の学習についてです。□□さんの感想です。「友達の目を見てきちんとあいさつができました。でもリンゴのクイズではしっかり伝わらなかったところもあったので、自信をもって頑張りたいです。」"Eye contact" に気を付けてのあいさつもとてもいいですね。今日もクイズがあるので、しっかり伝えるというのは大きな声でということかな。ぜひ、チャレンジしてください。次に◇◇さん。「あいさつは元気にできました。クイズでは少し小さな声で話したところもあるのでこの次は頑張りたいです。」次への目標も書いていて素晴らしい。 Good job!

No.2 フラッシュマンと一緒に勉強しよう、です。（フラッシュ型教材を使用する。）

※実物投影機（書画カメラ）等で振り返りカードを実際に提示しながら話します。今日の活動に対する想起をさせます。
状況の理解

C子さん
※ "Eye contact" の良さや元気にあいさつすることの良さが実感できない。やってはみたいが、自分にはできないと思う。

※フラッシュ型教材とは、フラッシュカードのように課題を瞬時に次々と提示するデジタル教材のこと
（以下、Fはフラッシュ型教材の音声をFとする。）

（提供：チエル株式会社）

気持ちの安定

※ "Eye contact" そのものに抵抗が強い子どももいます。その場合は、顔を上げる、ちらっと顔を見る、などの、負担を感じにくい方法を試してみます。親しい友達となら挨拶しやすいかもしれません。
人の理解

F 3, 2, 1, Go! 11(eleven).
C 11(eleven), 11(eleven), 11(eleven), 11(eleven).
F 12(twelve).
C 12(twelve), 12(twelve), 12(twelve), 12(twelve).
F 20(twenty).

※このようにフラッシュ型教材（F）の音声の後に20の数字までリズムよく繰り返しをさせる。

C 20(twenty), 20(twenty), 20(twenty),
   20(twenty).

F Great!

C Thank you.

T Now, let's play the IKINOKORI game.
   Please choose one card.
   Group leader, please come to the front.

＊グループリーダーはグループで選んだ数字の上に自分のグループ番号の付箋紙を貼る。

F 3, 2, 1, Go! 15(fifteen).

C 15(fifteen), 15(fifteen), 15(fifteen),
   15(fifteen).

F 13(thirteen).

C 13(thirteen), 13(thirteen), 13(thirteen),
   13(thirteen).

＊このようにフラッシュ型教材 (F) の音声の後にリズムよく繰り返しをさせ、グループで決めた数字が出てきたらアウトとなり、座る。

T The winners, please stand up.

C 3, 2, 1!

C Victory!

T Brilliant!
   Next, No.3, let's chant.

C OK!

T Very good!

状況の理解＋
記憶＋

※実際に「数」や「順序」を認識しながら数唱することで、意味を実感しながら言葉を確かめることができます。また、記憶を定着させるための、繰り返しの活動としても有効です。

※誌面のチャンツを提示し、一緒に繰り返させる。

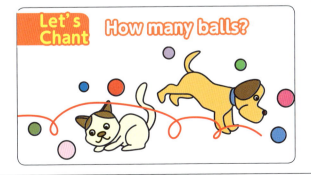

※チャンツでも20の数字までリズムよく繰り返しをさせる。

T　Next, No.4, 数のクイズに答えよう、です。このあとのクイズタイムも先生のようにみんなはクイズを出しますよ。（＊pptを見せる。）How many stairs?

> **状況の理解**
> ※先生クイズでもクイズタイムの形式に近付けながら数字や英語表現に慣れ親しませます。

C　13(thirteen).
T　13(thirteen), raise your hand.
C　（該当児童は手を挙げる。）
T　OK. Then, you say "13(thirteen)".
C　13(thirteen).
T　他には？
C　14(fourteen).
T　OK. 14(fourteen), raise your hand.
C　（該当児童は手を挙げる。）
T　OK. Then, you say "14(fourteen)".
C　14(fourteen).
　（このように続け、他の数字も発言させる。）
T　Now, let's count. 1, 2, 3, 4, 5, 6, 7, 8, 9, 10, 11, 12, 13! 13 stairs.
C　Yeah!
T　みんなが出すクイズタイムのルールも同じですが、1つ違いは正解とします。なので、12、13、14. You are right!

> **C子さん**
> 【次のページのグループの例示について】
> ※まだ外国語活動がスタートしたばかりの時期には、クラスの前での発表するのはとても緊張するものです。配慮を必要とする児童がいる場合、例示するときは事前に打ち合わせや練習をして、子どもが自信をもって取り組めるようにします。
>
> **状況の理解**
> **気持ちの安定**

C　Yeah!

T　Next. How many lights?

（同じ要領で2つのクイズをする。）

T　Very good!　Next, No.5, いよいよみんなのクイズタイムです。まずは先生がグループ1とやってみせますね。先生は"apple"と"melon"が好きなのでこのクイズです。

T　How many apples ?（3秒、心の中で数えます。）

C3 〜 C6（数を予想する。）

C3　う〜ん。（手で10を示して、その後、片手を出して5を示す。全部で15という意味。）

T　15 apples、ね。

C3　そう、15 apples.

C4　17 apples.

C5　18 apples.

C6　14 apples.

T　3, 2, 1!　17 apples!　18 apples.　That's OK!

C4C5　Yeah!

T　1つ違いは正解でしたね。（当たった児童に"Here you are."とシールをあげる。）

T　進め方はわかりましたか？今、C3さんは素晴らしかったですね。数を答えたいとき、その英語での言い方を忘れてしまった場合はどうしていましたか？

C　ジェスチャーで伝えていました。

T　Great!　グループで分かる人は英語での言い方を教えてあげてください。それでは今度はみんなだけで例をやってもらいます。グループ6、お願いします。

C子さん

※授業前に練習をしたものの、やはりみんなの前でやりたくないと心から思う。足が前に進まない。

人の理解 +

気持ちの安定 +

※みんなと「同じ」活動をさせないことも配慮です。いずれ気持ちが前に向くまで、些細なことでも様々な「できた！」経験を積み重ねる経験をさせていきましょう。
→ Aruaru Song「みんなのまえで　こえがだせない」

【シールの扱いについて】
※出題者側としてはシールをあげることができるという活動への意欲付け、回答者側としてはクイズを当てようとする意欲付けにシールを活用します。1つ違いは正解とするなど、より多くの子どもたちがシールをもらうことができるよう配慮します。

C7　How many bananas?
C8～C10（数を予想する。）
C8　12 bananas.
C9　14 bananas.
C10　11 bananas.
C7　3, 2, 1!　12 bananas!
C8C10　Yeah!
C7（C8C10にシールをあげる。）

> 人の理解＋
> 状況の理解＋

> **C子さん**
> ※コミュニケーション活動に難しさのある子どもには、まずは<u>伝えようとしていることが大切</u>であり、ジェスチャーや教師の後に続けて<u>繰り返して言うことのよさ</u>を確認していく。

T　Wonderful!　クイズタイムでは、ジェスチャーを使ったり、できるだけ英語を使ったりできるといいですね。OK! Now, quiz time! Make groups. Student No.3, let's start!
（グループにはあらかじめ1～4あるいは5番の人というように各自の番号がある。先に学習したチャンツを小さくかけながら活動を始めさせる。）
C（グループ内でクイズを始める。）
T（まずは活動に心配がある児童から机間指導をする。活動を見届けた上で、他の児童の机間指導をする。途中でチャンツの音量をあげて活動を一時停止させる。数の英語での言い方をジェスチャーなども使いながら答えている児童やシールをあげる時に"Here you are." "Thank you."などと既習の英語表現を使っている児童のよさを取り上げる。取り上げる際は、「今のジェスチャーや英語がとてもよかったから、みんなの前で発表してね。」と声をかけておく。）

> 状況の理解＋
> 人の理解＋

> 【答えに困った時はどのように対応させるとよいのか】
> →学習内容に関係しますが、いくつかの方法があります。
> ①<u>例示から考えさせる。</u>
> →今回のようにコミュニケーションの時間を多く保障するため、例示を見せて課題を焦点化し、子どもたちに考えさせます。
> ②<u>自分たちの日本語でのコミュニケーションを振り返りながら考える。</u>
> →ジェスチャーが難しい時など、絵や写真で伝える、あるいは新たな英語表現の必要性などを考えさせます。

T　Watch me, please.
C　OK!
T　◇◇さん、○○くんがとてもよかったです。まずは◇◇さんからもう一度みんなの前でお願いしますね。みんなはどこがよかったのか教えてください。
C11（12について、手を使って表す。）
C　ジェスチャーで伝えていたところがよかったと思います。
T　Very good. そうですね。では、次に○○くん。
C　Here you are.（と言ってシールをあげる。）
T　どうですか。
C　シールをあげる時に、"Here you are."と言っていました。
T　Good point. "Here you are." In Japanese, please.
C　どうぞ。
T　Brilliant! 使えそうですね。言われたら？
C　Thank you.
T　ですね。それでは、数を表すジェスチャーや学習した英語はできるだけ使えるといいですね。Let's start again.
C　（ジェスチャーや"Here you are.""Thank you."などの既習の英語表現に気をつけてクイズを再開する。）

T　クイズはあたりましたか？ジェスチャー、使ったよという人は？
C　（該当児童は手を挙げる。）
T　"Here you are.""Thank you."などもたくさん使ったよという人は？

C子さん
※自分については、よかったところがないので、誰も取り上げてはくれないと思う。

※事前にシミュレーションを行い、練習通りにやりとりができれば理想的ですが、うまく結果につながるとは限りません。しかし、やろうとする意思や葛藤が気持ちの中にあるはずです。それを細かに見取って、励ましてあげましょう。

気持ちの安定＋

【既習の英語表現を生かすにはどのようにするとよいか】
→普段から、担任がその表現を使い、子どもの見本となります。また、絵カードを教室に掲示して、想起しやすくさせます。

人の理解＋

記憶＋

C （該当児童は手を挙げる。）

T ここでみんなにもう1つ聞きたいことがあります。このクイズは6種類の果物から好きな果物を選んでもらいましたが、「え？こんな果物が好きだったんだ！」、という友達の意外な果物の好みがわかった、という人はいましたか？

C ○○さんがレモンでクイズを作っていて、レモンが好きなことが意外でした。

C ぼくは、△△くんが、バナナが好きなところが意外でした。

T なるほど。友達の意外なところもありましたね。
友達のことが前よりわかるということもコミュニケーションの面白いところですね。

【まとめ】

T それでは、今日の学習のまとめはどうなりますか？

C クイズタイムで数を英語で言って、答えを当てることができました。

C 付け足しですが、数がわからない時はジェスチャーを使ったらいいと思いました。

C もう1つ付け足しで、できるだけ英語を使うことも大切だと思いました。

C 意外な果物が好きだということもわかりました。

T そうですね。困ってもジェスチャーを使って、進んで数のクイズを出したり、答えたりすることができましたね。Now、No.6. 振り返りを書きましょう。（早く終わった児童から発表をさせる。）

C （振り返りを書く。）

T OK. That's all for today. Have a nice day.

C Thank you. You, too.

人の理解 +

C子さん
※他者理解など、コミュニケーションを図ることの楽しさを「お互いに好きなもの」という友達との共通項を通して再確認します。
→Aruaru Song「みんなわらっているけれどたのしくならない」

状況の理解 +

※毎時間同じ流れで学習を進めることで、活動を見つめ直し、学習の成果を実感できるようにします。

気持ちの安定 +

6．気を付けよう！

○単元末のコミュニケーション活動では、子どもたち一人一人が既習の英語表現を使うことが多くなります。しかし、数の英単語表現はたくさんあるため、子どもたちが自在に使うことは、難しいものです。フラッシュ型教材やチャンツなどで楽しく繰り返し慣れ親しませるようにしましょう。

○【ポイント１】数の言い方は何回も楽しく慣れ親しませる　← 記憶

- フラッシュ型教材を活用して、たくさん数の英単語に慣れ親しませましょう。リズムを変えたり、フラッシュ型教材で簡単なゲームをしたりしながら単調な活動にならないように取り組ませましょう。
- チャンツは教材"Hi, friends!"のデジタル教材に多くあります。動画と共に楽しく英単語や英語表現に慣れ親しませることができます。会話の英語表現では、クラスをＡとＢの２つに分けて、はじめの部分をＡグループ、後の部分をＢグループにするなど、会話により近い形式で取り組ませるとより効果的です。　← 人の理解

○【ポイント２】例示と手順を示す　← 状況の理解

- 分からない場合の例示
- 活動の例示（教師クイズで例示、教師とグループで例示、グループのみで例示）
- 絵カードなどで手順を板書する。
- 終わった後に何をするのかも板書する。

○【ポイント３】ペアでのクイズがうまくいくために　← 気持ちの安定

- グループ構成を工夫します。友達との関わりに難しさがある児童は、担任も含めて相手や答える順番などの配慮が必要となります。
- コミュニケーションそのものに興味が無い児童へは、クイズの内容への興味関心や、正解したい意欲をもとに、英語の表現や言葉のやりとりに向かうことができるように配慮します。クイズを通して相手を理解し、友達に関心をもち始める場合もあります。

身の回りの物の言い方に慣れ親しむ
～気が散りやすい、集中することが苦手なAくんの場合～

1．成功させるポイント

　身の回りの物を表す英語表現には、私たちの日常生活に身近なものがあり、特に食べ物や色、数字などの英語表現は、既に子どもが知っている物も数多くあります。このように子どもにとって、耳にしたことがあるような身近な物を入り口とし、徐々に様々な英語表現へ広げることが、あまり抵抗なく英語に慣れ親しませることにつながります。

> ①外来語由来のものなど、身近な英語表現から慣れ親しませましょう。
> ②日常生活と関連付けて、日本語と英語の共通点や相違点をはっきりさせながら慣れ親しませましょう。

2．単元名

教材 "Hi, friends! I" Lesson7　What's this? クイズ大会をしよう

本時（1時間目／4時間扱い）

3．ねらい（目標）

目標	身の回りの物について、日本語と英語での言い方の相違点や共通点を理解し、言葉の面白さに気付く。
目指す姿	英語表現を積極的に言うことで、日本語との共通点や相違点を比べることができる。
具体的な方法	外来語由来の英語表現や同音異義語などを取り上げることで、共通点や相違点を明らかにする。

4．本時の展開

① 本時の目標

身の回りの物について、日本語と英語での言い方の相違点や共通点を理解し、言葉の面白さに気付く。【言語や文化に関する気付き】

② 本時の展開

子どもの学習活動	教師のかかわり
○ Greeting ○今日の活動を確認しよう。 　身の回りの物の英語の言い方を知ろう。 　What's this? It's ---. ○ブラックボックスクイズをしよう。 　　　Apple　Recorder　Triangle　Bell 　Appleってよく聞くね　　日本語といっしょだね ○絵が何かを考えよう。 　・誌面の絵を見て、その絵が何を表しているかを答えよう。 　Globe と Glove　　　　Bat と Bat 　英語が似ているけど、　今度は英語が同じだけど、 　意味はちがうの？！　　意味はちがうの？！ ○ポインティングゲームをしよう 　・一人で→ペアで ○クイズを作ろう 　What's this?　What's this?　What's this? 　英語で言えたよ。他の物も英語で言ってみたいな。 　身の回りの物の日本語と英語での言い方の同じところや違うところが分かったよ。	ブラックボックスを使い、どのような状況でWhat's this? It's ---.を使うのか、<u>場面と言葉を結びつけて示す</u>。 **状況の理解＋** 共通点や相違点を明らかにすることで、言葉の面白さに目を向けさせていく。 自分で表現したいことを英語で表わす活動を通して、<u>自信をもたせ</u>、言葉への興味を高める。 **気持ちの安定＋**

123

5．本時の展開

T　Hello.
C　Hello.
T　Hello. How are you?
C　I'm happy.
C　I'm hungry.
T　Oh, you are hungry. I see.
C　（うなずく）
T　Me, too. がんばろうね。
T　By the way, how's the weather today?
C　It's Sunday.
T　Very close. It's Sun…?
C　It's sunny.

T　What's this?
C　リコーダー！
T　Yes, very good. It's a recorder.
C　It's a recorder. リコーダーでいいんだ。
C　そのままだね。日本語と同じだ。
T　Yes, that's right.

T　（箱を振ってから）What's this?

C　えー！！何だろう？
T　Who wants to try?
（箱に手を入れ、何かを触るジェスチャー）
C　Yes, me.（多数の子どもが挙手）
T　O.K. ●●, please come here. What's this?
C　（触って首を傾げて）りんご？

自分の気持ちを表現し、答えてもらえる場を確保することで、学習に向かえるようにします。　人の理解＋

途中まで分かったことを褒め、単語を途中まで言って、言葉を導き出す。　記憶＋

慣れた活動から導入し、見通しをもたせます。　状況の理解＋

日本語と英語を比較し、似ているものを取り上げることで、「できそうだ」という気持ちを引き出します。　気持ちの安定＋

Aくん
中にある物より、箱自体が気になってしまい、箱を触りたい気持ちを抑えられない。　気持ちの安定＋

事前に触らせてあげたり、後で触る機会があることを予告したりします。　状況の理解＋

驚きや実感を伴う活動を行うことで、リアリティのある会話につなげていきます。　状況の理解＋

T Good! In English, please.
C Apple?
T Very very good. It's an apple.
C It's an apple.
T よく知っているね。
C だって、アップルジュースとか使っているよ。
T Any other else? 他にも日本語にもなっている英語はありますか？
C オレンジジュース。
C グレープジュースも。
C ピーチ味、ストロベリー味。
T Good job. けっこう使っていますね。

T 今日は… (What's this? の短冊を黒板に貼る)。
C What's this?
T Great!「これは何ですか？」と…
(It's ---. 短冊をもう一つ貼る)「これは --- です。」を使う学習をしていきます。

What's this?　It's …….

T Repeat after me. What's this?
C What's this?
T What's this? What's this? What's this?
C What's this? What's this? What's this?
T It's an apple. It's an apple. It's an apple.
C It's an apple. It's an apple. It's an apple.
T Very very good.

T Now, open your textbook to page 26,27.

このページを実物投影機（書画カメラ）に映し出し、P26、27の部分をゆっくり、はっきりと伝える。

状況の理解

Aくん
例示の果物から発想し、自分の知識や経験について発言してしまう。

↓

「無視された。」と感じさせないように応じつつ、本題に戻します。
→ Aruaru song
「Me me me me…」

人の理解 ＋
気持ちの安定 ＋

日常生活と結び付けることで、外国語由来のものを使っていることに気付かせます。

Aくん
読む手掛かりとして例示しても「読めない」「わからない」と混乱してしまう。

気持ちの安定 ＋

↓

文字を示しながら、ゆっくり言い聞かせたり、口の動きを見せたりして教えます。

状況の理解 ＋
記憶 ＋
身体 ＋

キーセンテンスの意味を発音と結び付けるため、初めにりんごを指し示した後、短冊を指さしながら、復唱させます。

状況の理解 ＋

T　What's this?
C　It's an apple.
C　さっきやったから分かる！
C　これ全部、絵が少しだけ隠れているんじゃない？

T　That's right! その通り！この絵は一部分しか見えていないんだね。一部を見て、何かを当てればいいということだね。
C　あれは何だろう？
T　気になりますね。What's this?

> この後、ウォーミングアップで使った、triangle, recorder の順で取り上げます。

T　What's this?
C　えー？！
C　これ、地球儀だよね。
T　Yes! 地球儀！ Let's listen.
F　It's a globe.
C　うん？グローブ？
T　O.K. Listen carefully.
F　It's a globe.
T　It's a globe.
C　It's a globe.
T　Very good. What's this?
C　これもグローブじゃない？

初めに絵を見せながら、どのような活動をするのか、子どもたちに見通しをもたせます。

状況の理解 +

まずは、外来語由来の単語や、既習の単語など、答えやすいものから取り上げ、できそうだという自信をもたせます。

気持ちの安定 +　　**記憶** +

気持ちの安定

状況の理解 +
記憶 +

Aくん
地球儀が気になってしまい、触ったり、近くで見たりしたい気持ちが抑えられない。

↓

事前に触らせたり、後で触る機会があることを予告したりします。
→ Aruaru song
「あれ？つぎは なにするの それがおわったらどうするの？」

T では、聞いてみよう。What's this?
C It's a グローブ．
T Very good. It's a glove.
C 同じなんだ…。
F It's a glove.
T Glove. Glove. Glove.
C Glove. Glove. Glove.
T Globe. Globe. Globe.
C Globe. Globe. Globe.
C ちょっとちがうね。むずかしい！
C いや意外と分かるよ。
T Good! Next one. What's this?
C It's a bat.
F It's a bat.
C これは分かるよね。（日本語と）同じだもん。
T It's a bat. Very good! Then, what's this?
C こうもり？！
C むずかしい！
C あっ、バットマンじゃない？
T Right! It's a bat.
C 合ってた！　やった！
F It's a bat.
T It's a bat. It's a bat. It's a bat.
C It's a bat. It's a bat. It's a bat.
T It's a bat. It's a bat. It's a bat.
C It's a bat. It's a bat. It's a bat.
C 同じ？！
C 今度は同じような気がする。
T こうもりもバットも英語では同じなんだね。大発見！
C 他にもあるのかな？
C 日本語なら、橋と端みたいなもの。

視覚的にも捉えやすくするため、野球グローブの絵を見せながら、発音させます。

状況の理解

Aくん
GloveとGlobeの差異に着目させると、違いが分からない場合、混乱してしまう。

状況の理解

身体

ゆっくり言い聞かせたり、口を大きく動かして見せたりなどわかりやすいように発音を教えます。
→ Aruaru song
「Cはシーで Seaもシー　Mouthはマウス Mouseもマウス」

こうもりの絵を見せながら、言います。

バットの絵を見せながら言います。

C　自信と地震もあるよ。
T　どうですか？
C　英語と日本語も似ているね。

> 英語と日本語をつなぐ場面を大切にすることで、言葉の面白さに目を向けさせます。

T　Open your textbook to page 28,29.
C　O.K.
T　Very good.
T　Everyone very good.

気持ちの安定

T　Let's play pointing game. Do you know the "pointing game"?
C　No.
T　O.K. Please watch.
T　Apples.
T　Point.（りんごを指さすジェスチャー）
C　先生が言ったものを指させばいいんだ。
C　ああ、そういうことね。
C　O.K. できる！
T　Let's start. Ready?
C　O.K.
T　Apples.
C　あった！（それぞれの誌面の絵を指さす）
T　Great! You were fast. Amazing!
T　りんごね。ここです。

> **Aくん**
> 慣れ親しむという意図にもかかわらず、勝敗にこだわってしまい、怒り出してしまう。
> → Aruaru song「ゲームにかちたい まけたくない」

> 単語で表現し、一人二役でジェスチャーからルールを想起させてから、詳しく確認することで、理解を深めます。

状況の理解

> この後、既習の triangle も取り上げることで、流れをつかませます。

> テレビ画面上で場所も確認し、より単語と絵を結びつけさせることを意識します。

記憶　**状況の理解**

T　Next one. Glove.
C　あった！
C　でも、どっちだ？
C　こっちだよ。

状況の理解

> 近くの子ども同士で交流している場合は、少し待つことで、子どもの思考を深めることができます。

T　O.K. Here is the glove.

C　当たった！

T　Good job! Glove. Glove. Glove.

C　Glove. Glove. Glove.

T　Very good! Then next, globe.

C　これはこっちでしょ。O.K.

T　Globe. Globe. Globe.

C　Globe. Globe. Globe.

T　Great! Here is the globe. 地球儀でした。

T　Next one. Eggplant.

C　何だ？

T　What's egg?

C　たまご。

T　Very good.　卵の形をした plant だよ。

C　花？

T　Very close. 植物ね。花も植物だもんね。

C　卵の植物？

C　なすじゃない？

T　Very good.　なすでした。

C　あー、そういうことか。

T　Here is the eggplant.

T　O.K. So next, please make pairs, and one person put the textbook in the desk.

C　O.K.

T　O.K.　Great.

T　Let's play the pointing game again. but, this time we are going to play in pairs. Hands on your head, please.

状況の理解 ＋
違いに目が行くよう、繰り返して言う場を作ります。

気持ちの安定 ＋
[Aくん]
Egg と Plant の由来を伝える際、自分は似ていないと思うと、納得がいかずに、混乱してしまう。

↓

人の理解 ＋
状況の理解 ＋
間違いを認めたくないのであれば「惜しかったね。」と肯定的に受け止めましょう。「外国の人にはそう見えたんだよ。」と、文化の違いとして教える方法もあります。

正解ではなくても、植物を予想したことに意義があるので、その点を価値付けます。

気持ちの安定 ＋

単元の導入なので、経験や知識から想像できるものを多く取り上げ、子どもの意欲を引き出すことをねらっています。

例として、一組に手を向け、そのうちの一人の誌面をしまって見せる。

状況の理解 ＋

C O.K.

T No.1. Tomato!

T Good job. Please count how many points did you get.

> この後、mat, globe, beaker, textbook の順で問題を出していきます。

単元の１時間目なので、日本語から想像がつきそうな易しい単語を取り上げ、今後の学習への意欲を喚起します。

状況の理解＋　**気持ちの安定**＋

T Last one.

T Hands on your head, please. Bat!

C Bat.

T The answer is this one. Bat, and bat! どっちも正解！

T O.K. Good job everyone. How many points do you have? Zero?

C いないです。最後の問題があったので、みんな点はもらえているから。

このゲーム活動で無得点の子どもが出ないよう、正解が複数あるものを問題に加えることで、全員が得点を得ることができます。

> One point から Six points まで聞いていき、"Very good." "You did it." などと、子どもに言葉をかける。

気持ちの安定＋

気持ちの安定＋

C 今度は問題を出してみたいです。

T Who wants to try next?

C ●● , come here, please.

状況の理解＋

Aくん
勝敗にこだわり、感情を抑えられない。

理解できていることを認めたり、次回に期待するよう伝えたりなどして落ち着きやすくします。
→ Aruaru song「ゲームにかちたいまけたくない」

> ２回目は、出題を子どもにしてもらって活動を進める。

> ３回目は、グループで出題をし合って活動を進める。

全体活動（教師主導）→全体活動（子ども主導）→グループ活動という流れで、徐々に一人一人が活動できる場を保証します。

状況の理解＋

【まとめ】

T 今日を振り返ってみて、どうですか。

C 日本語と似ている言葉がたくさんあって、意外でした。

C Apple とかよく日本語としても聞くものは、分かりやすかったです。

C ●●さんが、glove という問題を出していたのが難しかったので、いい問題だなと思いました。

C 今日、絵の中にあるけど、まだ知らないものもあるので、調べてみたいです。

T 似ているものや、紛らわしいものありましたね。調べてみたいという人もいましたが、これからみなさんにも、どんどん問題を作ってもらおうと思っています。

C (振り返りを書く)

T That's all for today. Thank you.

C Thank you. You, too.

> 日本語と英語との比較や、気付きなどを引きだします。

6．気を付けよう！

○単元の導入部分は、英語に慣れ親しむ活動が中心となります。子どもの「できそうだ」「やってみたい」という気持ちを喚起するような授業構成が大切になります。既習を想起しながら取り組んでいる子どもを評価するような、教師の声掛けやかかわりが重要になってきます。

>> 気持ちの安定

○【ポイント１】身近な英語表現から

・子どもは自覚していなくても、生活の中には英語が少なからず根付いているものです。Apple, Orange などの果物名や、One two three などの数字も、子どもが無意識のうちに使っています。「実は知っている」ということに気付かせてあげると、子どもの「できそうだ」という気持ちを引き出すことにつながります。英語由来の外来語など、身近な英語表現から慣れ親しませましょう。

>> 記憶

○【ポイント２】子どもの「気付き」を積極的に褒める

>> 状況の理解

・子どもが知識として知っていることを褒めることよりも、日本語と英語の共通点や相違点に関して気付いた子どもを積極的に褒めましょう。そのような気付きが、言語の面白さに目を向ける出発点になります。子どもの「もっと見つけられそうだ」という思いや、「やってみたい」と言う気持ちを引き出すことにつながります。

第4章

小学校の外国語活動と中学校の英語科

これからの教科としての小学校外国語について

　平成29年3月31日に次期学習指導要領が告示されました。いよいよ小学校外国語活動が5、6年生において教科化されることが正式に決まりました。平成32年度に教科になると、これまでの小学校外国語活動とはどのようなことが変わってくるのでしょうか。いくつか整理してみます。

平成32年度から実施される予定

名　称	小学校外国語活動 （教科ではない教育活動）	小学校外国語 （教科）
対象学年	3、4年生	5、6年生
主な学習内容	・大文字、小文字	・3人称単数形 ・過去形　など
目　標	・外国語への気づき ・慣れ親しみ ・コミュニケーション	・気づき、慣れ親しみを大切にしたコミュニケーション ・基礎的な技能
評　価	・3つの領域 　聞く、話す（やりとり）、話す（発表） ・記述で評価	・5つの領域 　聞く、読む、話す（やりとり）、話す（発表）、書く ・3段階の数値で評価。
時　数	およそ週に1時間。	およそ週に2時間。

　これまで小学校の外国語活動で行ってきた授業では、子どもが新しく習った表現について、単元の最後に十分に慣れ親しむことを目標にしてきました。そのため、慣れ親しんでいく過程を評価して、教師はどのように慣れ親しんできたのかを文章で評価してきました。それが教科になると、子どもが単元末にどこまで慣れ親しむことができたのかという到達度合いを、教師は3段階で評価することになります。
　その他に、学習内容も、3人称単数形を扱ったり、過去形を扱ったりするなどの例示があり、これまでよりも内容が高度になるような印象を受けます。また、高学年で扱う時数が中学年の時の倍になります。小学校全体でみると、これまで小学校生活6年間で35時間だった

ものが、6年間で 105 時間になります。総時数が3倍になりました。

　5年ほどまえに新しく始まった小学校の外国語活動の授業は、小学校の多くの先生方の工夫によって、これまでの数年間で少しずつ、授業の形が見えてきました。それは、中学校の外国語の授業のイメージとは少し異なります。子どもが新しい言語に触れたときの驚きや気づきを大切にしながら、どんなことに気が付いたのか丁寧に拾い上げてきた先生方。単元の最後には子どもが自信をもって外国語でコミュニケーションできるように、子どもにいろいろな失敗をさせてみて、考えさせて、そして表現を更に工夫させることでコミュニケーション力を高めてきた先生方。そのような現在行われている授業の延長上に次の教科としての小学校外国語があるとしたら、内容を高度にしたり、子どもが覚える単語数を急激に増やしたりするよりも、これまで十分に慣れ親しむ時間が持てなかった内容について、授業時数が増えたことで、更に慣れ親しむ授業となりそうです。また、学習した表現をいろいろなシチュエーションで試す時間にもなりそうです。

　つまり、小学校の先生方にとっては、外国語の学習が前倒しされたというよりは、小学生にふさわしい外国語の授業時間が増えたというイメージに近いのではないでしょうか。

　小学校独自に外国語活動の授業に取り組んできたものが、さらに発展し、これまで出来なかった表現にもっと豊かに取り組むことのできる時間をいただけたようです。全ての子どもが外国語とは楽しいと小学校で思えるように、105 時間を有意義に使いたいものです。

1. 中学校でカリキュラムはこう接続する

　中学校では平成28年度4月より検定教科書が改訂され、教材"Hi, friends!"を始め、小学校外国語活動で慣れ親しんできた「あいさつ」や「教室英語」、「身の回りのものの単語」などの表現を「聞くこと」や「話すこと」を通していねいに振り返るところから中学校入門期の学習がスタートできるようになりました。また、単元や授業の目標が「英語を使ってできるようになること」という能力記述文の形で明確にわかるよう工夫され、実生活において自分と関連させて考える場面や話題を多く扱っています。

　中学校では、4技能のコミュニケーション力をバランスよく高めていくことや複数の技能を統合的に活用しながら（「聞いたことを基に話す。」「読んだことを基に書く。」など）コミュニケーションを図る力を育成していくことを目標として、学習をすすめていきます。【表1】は、中学校の授業で扱われる主な場面設定です。

【表1】中学校教科書で扱われる主な場面設定

【聞くこと】
・機内アナウンス　・店内アナウンス　・緊急放送　・旅行案内 ・天気予報　・ラジオ放送　・インタビュー　・ニュース　・クイズ　など
【読むこと】
・標識や掲示　・レストランのメニュー　・料理のレシピ　・ポスター ・メール　・手紙　・ブログ記事　・ウェブサイト　・詩　・日記文 ・地図，グラフや表についての説明文　・レポート文　・物語　など
【話すこと（スピーチ）】
・自己紹介　・身近な人の紹介　・思い出の行事　・一日の生活について発表 ・将来の夢　・憧れの職業　・自分の町の名所紹介　・職場体験の報告 ・修学旅行の思い出　・日本の文化や歴史の紹介　など
【話すこと（対話）】
・電話の会話　・道案内（道路で／電車や地下鉄で）　・買い物（洋服店で） ・体調について（病院で）　・食事の注文（ファーストフード店で・レストランで）　など
【書くこと】
・グリーティングカード　・日記　・ウェブサイト　・絵はがき ・メール　・電話の伝言メモ　・詩　・手紙　・新聞　・旅行計画　など

　これらの場面のなかには、小学校の教材で扱われている単語や表現、そして活動の場面や活動方法と接続するものがいくつもあります。

　例えば、教材"Hi, friends! 1"のLesson2の「今日の調子」について伝える表現は、

中学校では「授業の冒頭で行うあいさつ」や病院で「医師に体調を伝える場面」につながりますし、Lesson5 の "What do you like?" や Lesson9 の "What would you like?" は、中学校では「レストランの注文」や「洋服店や靴屋などで自分の好みについて伝える会話」で用いられる表現につながっています。

2. 中学校入門期（4・5月）はどんな学習をしているの？

　中学校入門期（4・5月）の授業では小学校の外国語活動を思い出しながら、少しずつ中学校英語の学習になじめるよう、学習を進めていきます。下の【表2】は、入門期に実施される学習の代表的なものを示したものです。教材 "Hi, friends!" で学習した表現や単語が多く盛り込まれています。

　この時期は英語教師あるいは ALT、CD がモデルを示しながら、外国語活動の素地を生かし、「音声」を中心とした言語活動（アクティビティ）を行います。例えば、絵と文字を一致させる（マッチング）活動、ジェスチャーをつけて動作を表現する活動、クラスメートと「好きなスポーツや食べ物」や「できること」についてたずね合うコミュニケーション活動、簡単な自己紹介などです。間違うことを恐れずに、積極的に伝えようとする態度を大切にしながら進めていきます。

【表2】　入門期（4・5月）に実施される学習（例）

□あいさつ（一日のあいさつ、初対面のあいさつ、今日の調子）
□教室で使う英語（先生が生徒に・生徒が先生に）
□アルファベット
□身の回りのもの（部屋の中にあるものの名前・場所の名前）
□数字　□曜日　□月・序数（誕生日や日付の言い方）　□色
□好きな食べもの・飲み物　□好きなスポーツ
□できること
□自己紹介

3. 外国語活動で行った活動が中学校ではどう発展するの？

　小学校の外国語活動で行った様々なアクティビティは、中学校でも引き続き行われます。小学校と同じような活動を行って、子どもたちは飽きてしまわないのかという疑問をもたれるかもしれませんが、一見似たような活動であっても、中学生の発達や知的レベルの発達、学習内容や技能の難易度に合わせて、活動の方法やルールに工夫を施しながら、小学校で行った活動を想起できるアクティビティになっています。では中学校ではどのように活動するのか、その例をいくつか見てみましょう。

〈A〉あいさつ

　入門期に扱うあいさつには、「一日のあいさつ」「初対面のあいさつ」「今日の調子」などがあります。教師やCDに続いて繰り返し発音して練習した後に、隣の人とペアになって、あるいは小グループ内で対話します。

＜中学校で用いられる表現＞

〈1日のあいさつ〉	〈今日の調子〉
Good morning. Good afternoon. Good evening. Good night. Goodbye. See you.	A: Good morning, Saki. B: Good morning, Taku.　How are you? A: I'm fine, thank you.　And you? B: I'm OK. 　　※ fine / OK / sleepy / hungry / tired

〈活動のポイント〉

☑授業の冒頭に毎時間行う「1日のあいさつ」は使う時間帯から午前か午後のどちらかの表現に偏り、繰り返しの練習になってしまいがちです。できれば、1日のあいさつは、その時間帯に合わせてあいさつが変わることを経験させたいものです。大きな時計を用意するか、様々な時刻を表す時計の絵を用意し、想定を変えることによって、時間に合わせてあいさつする練習ができます。

☑今日の調子は授業の始まりのルーティーンとならないよう、実際にその時の自分の気分を表現するように働きかけます。さらに、学習が進んでいくと、あいさつだけではなく、少し発展させた問いかけ "Do you eat breakfast?" "What do you eat for breakfast?" などの表現を少しずつ増やしていきます。

〈B〉教室英語

　子どもが小学校外国語活動において簡単な指示を英語で行う授業を経験していると、中学校の入門期においても教師が話す英語の指示を理解し、活動に取り組みやすくなります。しかし、教師にとっても子どもにとっても無理のない程度（内容や量、難易度）で使っていくことが大切です。互いに負担が大きいと、活動前の指示が長くなり、授業のテンポが失われてしまいます。さらには、活動の手順やルールを十分理解することができない児童が多くなると、活動自体が混乱してしまうかもしれません。では、どのように教室英語を導入し、少しずつ表現を増やしていけばよいでしょうか。

　新しい表現の導入は、ALTとのティームティーチング（TT）の際にしてもらい、それをきっかけとして、その後も継続して使っていくと成功します。伝える際は、英語に加えてジェスチャーを見せることも重要な要素です。児童にとって、教師が見せるジェスチャーは、話されている英語を理解する大きなヒントになります。

　教室英語は、主に「先生が生徒に使う英語」と「生徒が先生に使う英語」「生徒同士で使う英語」に分類されます。【表3】【表4】は、入門期に中学校の教科書で示される表現の例です。これらは小学校でも使うことができるでしょう。中学校では学習が進んでいくと、活動の指示や活動内で「生徒同士で使う英語」が少しずつ増えていきます。小学校外国語活動ではカルタやカードを使って行う活動で教室英語を増やしていくと、小中の接続がスムーズになります。

【表3】「先生が生徒に使う教室英語（中学入門期）」

- Stand up, please.（立ってください。）
- Sit down, please.（座ってください。）
- Raise your hand.（手を挙げてください。）
- Open your book to page 10.（本の10ページを開きましょう。）
- Close your book.（本を閉じてください。）
- Listen to the CD.（CDを聞いてください。）
- Look at this picture.（写真をみてください。）
- Repeat after me.（先生の後について読んでください。）
- Try it again.（もう1回挑戦しましょう。）
- Good job!（よくできました。）
- Quiet, please.（静かにしてください。）
- Say that again.（もう1度言ってください。）

Stand up, please.

Sit down, please.

Watch!

Listen!

Quiet, please.

Open your book.

【表4】「生徒が先生や生徒に使う教室英語（中学入門期）」

- Sure. OK.（もちろんです。いいです。）　・Excuse me.（すみません。）
- I have a question.（質問があります。）
- What's keshigomu in English?（英語で消しゴムは何といいますか。）
- How do you spell "○○"?（○○のつづりはどうですか。）
- What's this?（これは何ですか。）　・Is this right?（これは合っていますか。）
- Help me, please.（手伝ってください。）　・I've finished.（終わりました。）

　【表5-1】【表5-2】はカルタやカードの活動やその他の言語活動で使うことのできる「教室英語」です。リスト内の英語は中学生向けの表現ですが、教師の指示も児童同士が使う表現も、これなら小学校でも使えるかもしれないというものを選んで、外国語活動で使ってみるのもよいでしょう。大事なポイントは、【表3】内のイラストのように、英語にジェスチャーを併用して使うことです。

　基本的なジェスチャーの他にも、4人1グループと言うときに、数字の「4」を、カードを2枚裏返すときには「2」を指で示して「数」をはっきり明示すると、理解の助けとなります。また、カードを裏返す動作を手で示したり、ある1つのグループの座席へ全員に集まってもらい、生徒参加型でデモンストレーションを見せたり、TTで行うときは教師同士で対話を見せることで活動の流れを理解させると、言葉による説明がよりわかりやすくなります。

【表5-1】〈アクティビティで使える「教室英語」★教師編★〉

Work in pairs.

- Let's play in pairs.（ペアで活動しましょう。）
- Let's play in groups.（グループで活動しましょう。）
- Let's make a group of four.
　（4人1グループを作りましょう。）
- Turn over 2 cards - one from the pictures, the other from the words.
　（2枚をひっくり返してください。1枚は絵のカードから、もう一方は単語のカードからです。）
- Face down.（裏返しに置いてください。）
- Put the cards face up on the desk.（カードを表向きにして机に置いてください。）
- Take one card.（1枚カードをとってください。）
- You can't show it to your friends.（お友達に見せてはいけません。）

【表5-2】〈アクティビティで使える「教室英語」★生徒編★〉

- (It's) my turn.（私の順番だよ。）
- My turn?（私の番？）
- (It's) your turn.（あなたの順番だよ。）
- Whose turn (is it)?（誰の番？）
- Can I play?（私がやっていい？）
- Shall I go first?（私が最初にやっていい？）
- Sure, go ahead.（いいよ、どうぞ進めて。）
- OK. I'm finished.（終わったよ。あがり！）

〈C〉自己紹介（オリエンテーション）

　自己紹介には2つの方法があります。主に対話によるコミュニケーション活動で行うもの。もう1つは、みんなの前で一人一人が自己紹介をスピーチ形式で行うものです。

1－1．対話による自己紹介（入門期）

〈基本パターンA〉

A: Hello. My name is ～.
　 Nice to meet you.
B: Hello. My name is ～.
　 Nice to meet you too.

〈基本パターンB〉

A: Hello. What's your name?
B: My name is ～. What's your name?
A: My name is ～. Nice to meet you.
B: Nice to meet you too.

〈予想される反応〉

　基本パターンA、B程度の自己紹介なら簡単にできると自信をもてる生徒、まだ知りあって間もないクラスメートとでも積極的にコミュニケーションをはかることができる生徒がいる一方、初対面の人には声をかけにくい、恥ずかしいと躊躇してしまう生徒もいるかもしれません。

〈活動のポイント〉

　自己紹介の言語活動は、同じ小学校出身の生徒同士にとってはすでによく知っている間柄であるためインフォメーションギャップが生まれず、あまり面白みがありません。ですから、できるだけ出身小学校の異なる生徒同士で意義のあるコミュニケーションをさせたいものです。そのために、次のような手だてがあります。

☑自由に教室内を歩きまわらせずに、隣の人と向かい合って対話し、終わったら1人ずつ横にずれ、常に対話の相手が存在する仕組みにします。対話の相手を探せずに迷ってしまう生徒や初対面の人や異性を避けて、知っている人だけに声をかけようとする生徒の動きがなくなります。

☑〈基本パターンA〉は名前の情報を交流するだけの簡単なやりとりです。教材"Hi, Friends!"で経験してきたことを活かし、さらに交わされる情報を増やして知り合うことの楽しさを得る活動にするには、外国語活動で慣れ親しんだ表現（例：好きなこと"I like ～ ."や得意なこと"I can ～ ."など）を少しだけ加えていくともっと楽しくなります。

1－2．対話による自己紹介（入門期以降に行う自己紹介：中1修了時レベル）

　中学校での学習が進み、様々な活動でクラスメートと分け隔てなく会話できるようになった頃、実際の日常生活で用いることのできるより自然な表現を使って、次のようなコミュニケーション活動を行うことができます。

　この時期はお互い名前も顔もわかっていますから、別の人になったつもりで「ロールプレイング」の活動を行います。また、アルファベットの学習も進んでいますから、名前のつづりを尋ねて、教えてもらいながらメモをとる活動を取り入れることで、「聞きながら書く」という2つの技能を同時に行う活動に発展させていきます。

活動名「Mission Impossible」

　これからミッションカードを配ります。カードにはあなたに演じてもらう人物の名前が書かれています。カードの下に書かれている3つのアルファベットから始まる名前の人物を探しましょう。挨拶を交わしたら、相手の名前を聞いてメモをとりましょう。制限時間内に3人を探せたら、ミッションは成功です！

```
A: Hello.  May I have your name, please?
B: Yes.  My name is Mary.
A: How do you spell your name?
B: Mary.  M-A-R-Y…Mary.
A: Thank you.
```

Mission Card
Your name: **John**
次のアルファベットから始まる人物を探せ！
① M ary
② L
③ B

2．スピーチによる自己紹介

　クラス全体の前で1人ずつ話をすることは、入門期に限らず学年が進んでも緊張する活動です。ですから、1学期末に前もってスピーチ文を書いて準備し、練習した上で2学期に発表する活動として行うのが一般的です。スピーチの後に教師がスピーチの内容について質問し、即興で答えることもあります。もし、入門期にスピーチ形式で簡単な自己紹介をするならば、名前を紹介する程度の簡単なものにとどめておきます

入門期
Hello.
My name is Haruka.
I like sports.
Nice to meet you.

1学期修了時
　Hello, class. I'm Haruka. I'm a Minami Junior High School student. I'm 13 years old. I like sports.
　My favorite sport is tennis. So I'm on the tennis team. I have three rackets. I love this blue one. Thank you.

4．入門期の「読むこと」の指導　〜外国語活動とどうつなげる？

　中学校からは「話すこと」「聞くこと」に加え、「読むこと」「書くこと」の2技能が加わります。中学校入門期の文字の学習は、まず文字を見せる前に、小学校で慣れ親しんだ「話すこと」や「聞くこと」を通して、「絵を見て英語で単語が言える」、「単語を聞いて、どの絵のことを言っているかが分かる。指差しができる。」という段階から、徐々に文字を取り入れた学習に進行していきます。

　文字を書く、読む学習は、英語の学習が本格的になっていくことを実感してワクワクするものです。ですから活動にも張り切って取り組む生徒も増えていきます。しかし一方、文字の導入が始まると苦手意識を抱く生徒もでてきます。ていねいな指導であっても決して教師が一方的に教え込むことはせず、活動を交えて生徒が経験を通して主体的に学習できるような指導方法を工夫して負担感を緩和させます。

　「読むこと」「書くこと」は「話すこと」「聞くこと」と繋がっていますから「読む力」「書

力」をつけるためには、まずは「話すこと」「聞くこと」を通して、目から耳から入る情報で十分慣れておくことが土台になります。まず入門期は教材"Hi, friends!"に出てきた絵や中学校の教科書で紹介されている絵を見ながら、英単語を言ってみるところから学習を始めます。

【表6】は、中学校の入門期に教科書で扱われている単語例です。小学校外国語活動で触れる単語も多く見られます。これらは「イラストや写真だけ」あるいは「イラストや写真と文字」で提示され、「文字だけ」の提示はありません。また、日本語の説明や解説もありません。イラストが理解を促してくれるので、日本語を介さずとも理解できるよう工夫されています。

【表6】入門期に教科書で学習する英単語

□身の回りのもの bag, ball, bed, bike, book, box, bus, car, chair, computer, cup, desk, door, eraser, fish, hat, house, jacket, key, magazine, notebook, pen, pencil, room, ruler, table, textbook, train, T-shirt, TV, picture, unicycle, uniform, watch
□場所の名前 book store, convenience store, fire station, flower shop, hospital, hotel, park, police, post office, restaurant, school, station, supermarket, zoo
□数字 0〜20, 21, 30, 40, 50, 60, 70, 80, 90, 100
□曜日 Sunday, Monday, Tuesday, Wednesday, Thursday, Friday, Saturday
□月 January, February, March, April, May, June, July, August, September, October, November, December
□序数 first, second, third……thirty-first　※誕生日や日付、時間の言い方を目的として
□色 color, black, blue, blown, green, orange, red, yellow, white

□食べもの・飲み物
apple, banana, bread, cake, ice cream, melon, milk, *natto*, orange, sandwiches, tomato, juice
□動物
bear, cat, dog, elephant, fish, koala, lion, monkey, octopus, pig, spider ※イラストのみで紹介される動物もあります。 （例）donkey, gorilla, turtle, wolf, zebra
□スポーツ
baseball, basketball, badminton, soccer, swimming, tennis, volleyball

　小中の接続を意識しながら単語を「読む」ことを学習していくにはどのような方法があるのでしょうか。中学校入門期における「読む」学習の進め方の例です。

＜中学校入門期の「文字を読む」接続をスムーズにする３つのステップ＞

ステップ１：　絵のなかに英語で言えるものがあるかな？
まず文字を見せる前に、小学校時の教材や教科書の絵や写真を見せる。その中に外国語活動で学んだ言葉や普段の生活のなかから自然に知っていた単語（ものの名前）がないかを探し、言うことを通して、意外と普段日常生活で使っていたり、知っている言葉が多いことを体感する。教え込むよりも、自分であるいは仲間と協力して考え、「話すこと」を通して活動すると楽しく学習できる。
★活動例 ①小学校時の教材や教科書の絵や写真を用意。ピクチャーカードでもよい。 　できれば文字が書かれていないものの方が良い。 ②絵や写真があらわしているものを英語で言ってみる。（✔を付けてもよい） ③-1. 各自が英語で言っている。言いながら、「何個言えるか」を数える。 ③-2. ４人程度のグループで協力し、時計回りで言う。すぐに言えない場合はパスもよしとする。全体で「何個言えたか」を数える。 ★活動後のチェック 　活動③-1 または③-2 を終えたら、言えた数をたずねる。 　　　⇒一番多く言えた人（またはグループ）に発表してもらう。 　　　⇒学級全体で次々と言ってもらう。

ステップ２：　絵を見て、読まれたものの絵を指差そう

　ステップ１で、絵のなかのものを「英語で何と言うか」およそ知ることができたところで、次は「聞く」ことを通して、理解を深める。話すことに比べ、受動的な活動であるため、ペアで競争するなどのゲーム性を持たせると楽しくできる。

★活動例
①教材や教科書の絵や写真を用意。１つのページにたくさん絵が載っているものがよい。
②教師（またはＣＤ）が英単語を読み上げる。　　③聞こえたものの絵を指差す。
④見つけたら、その単語を声に出して言うか、ペアの中心においた消しゴムをとりあげて、どちらが先に探せたかを競う。

ステップ３：　文字を見て、語を声に出していってみよう。

　ステップ１・２で使用した絵に文字が入ったものを用意。さらに、「絵が書かれたカード」「文字のみが書かれたカード」を用意し、「かるた遊び」をしていくと楽しく学ぶことができる。ただし、かるたを使った活動は成長に合わせて色々なバリエーションを増やしていくと飽きずに楽しませることができる。

★活動例
＜入門期の活動＞
①カード合わせ：絵と単語を合わせる。
②神経衰弱：基本は神経衰弱のルール。ただし、挑戦できるチャンスをより多くするために、カードを裏返してペアを作ることができても、同じ人が続けて行わずに次の人に順番を回す。
③パントマイムゲーム：引いたカードの単語をジェスチャーし、あてる。
④お絵かきゲーム：絵を描いてあてる。
＜語彙が増えてきた頃に始められる活動＞
⑤関連ワードゲーム：その単語に関連する単語をできるだけたくさん言う。それをヒントにして、あてる。
＜英語で質問、応答、説明が可能になってきた頃に始められる活動＞
⑥YES/NOクイズゲーム：グループの１人がカードを引き、他のメンバーが単語について、YES/NOで答える質問をする。その応答から単語をあてる。

⑦説明ゲーム：教師が黒板に単語を書く。グループの代表者1名が背中を黒板に向け、見ないようにする。それ以外のメンバーがその単語について英語で説明し、代表者は単語が何かをあてる。

　このように段階を踏んで、少しずつ文字の世界に誘うことが必要です。ステップ3の活動のように、「文字」を読む活動に入ると、文字が複数の音をもっていたり、文字の前後の結びつきから、読み方を予想できないことがあります。また書かれている文字を読まないもの（黙字の存在）があり、混乱する生徒が増えていきます。

　文字と音の関連を学ぶ手だてとして、フォニックスの学習があります。フォニックスにはたくさんのルールがありますが、そのなかで代表的なものを紹介し、指導を加えていくことは、自分で読む力を育てていくための助けの1つになります。

　例えば、「同じ文字の組み合わせだが違った読み方になるもの」（例）look, book ⇔ food, zoo や「違う文字の組み合わせで同じ読み方になるもの」（例）イー [ea]と[ee] meat, read ⇔ meet, tree などが挙げられます。また、ルールが通用しない語 one, two, four, cough などの存在にも触れておくことも必要です。

　文字を読む学習は、教科書の対話文や説明文などにとどまらず、日常生活にある様々な英語を絶えず読むことに挑戦する継続的な経験から力がついていきます。ですから、もし英語を読む扉を小学校で開くとすれば、英語が書かれている身の回りの色々なものを家庭から学校に持ち寄り、みんなで読んでみるところから始めてはいかがでしょうか。

5. 入門期の「書くこと」の指導　〜書くことへの「困り」とは？

　小学校高学年になると、文字を読むことや書くことに興味を持つ児童も見られるでしょう。中学校に入り、アルファベットや文字を書く学習が始まると、次のような困りが見られるようになります。

1．アルファベットを書くことにおける「困り」

　中学校では4線ノートを用意して使用しますが、プリントなどにおいても入門期から少なくとも1年生修了時までは、4線に合わせて書かせることで正しく書く力がつくよう指導します。大文字よりも小文字が難しいと感じ、小文字を書く際に躓く生徒が多いようです。躓きの具体例を挙げてみましょう。

- 大文字と小文字の区別が混乱する。
- 大きさの区別が難しい。（例）S と s
- 似た形のアルファベットが見分けられない。
- 文字の向きの区別が難しい。（例）b と d の向き。p と q の向き。N の向き。
- 4線ノートに書く位置（高低）の区別が難しい。
  - （例）2階建ての小文字（6文字）⇒ b, d, f, h, k, l
  - 　　　地下1階つきの小文字（5文字）⇒ g, j, p, q, y
- 似たような文字の形が正確に覚えられない。

2．単語を書くことにおける「困り」

- 自分の名前や地名など書こうとするとき、小学校で学んだローマ字と違ったスペリングで書くように言われる。（例）「し」si → shi 「つ」tu → tsu
- アルファベットの順番を覚えるのが難しい。
- 同じ音でも複数の文字の組み合わせがある。（例）m<u>ea</u>t m<u>ee</u>t
- 同じ文字の組み合わせでも発音が異なる場合がある（例）f<u>oo</u>d b<u>oo</u>k
- 書かれているのに読まない音（黙字）が存在する。（例）ei<u>gh</u>t <u>k</u>nife

3. 英文を書くことにおける困り

・ピリオドやアポストロフィーなどを忘れる。
・４線ノートの書く位置をよく間違えてしまう。
　⇒「文を書くときのきまり」
・日本語と語順が異なり、単語をどの順番に並べたらよいかわからない。
・句と句の順番に対して混乱する。
　⇒「日本語と英語の特徴の違い」
・時制（現在・過去・未来）や主語の違いによって動詞が変化するのが難しい。
・文の形式（平叙文・疑問文・否定文）にそれぞれルールがあり、複雑である。
　⇒「英語の文法的な難しさ」

　これらの困りを緩和するためには、小学校で行う「空書き」や「なぞり書き」を行いながら文字に対する気づきをうながす学習が基本です。このような時に、ひたすら書き続ける学習だけでは英語嫌いになりかねません。書く活動を行うときはカードを使って視覚的に認識するトレーニングを行った上で、次のステップとして実際に紙に書かせるというように、段階を踏みます。

　また、紙に書く学習においても、「なぞる練習」、「見ながら書きうつす練習」、「見ないで書く練習」と段階をつけて少しずつ難しくしていくと、どの段階で躓いてしまったかを生徒自身が感じられるようになります。さらには「正解のなかに間違った向きの文字を入れて間違いを探す活動」「書く位置や高さの誤りを探して直す活動」「大文字と小文字を組み合わせる活動」「大文字を小文字に、その逆に変換して書く活動」など、楽しく主体的に学べるよう発見型、課題解決型の要素を取り入れた学習の仕方にしたり、学習形態をペアやグループにすることで教え合いながら学ぶことなど色々な工夫ができます。

6. 小中連携を意識した活動にするための一歩は？

　小学校の外国語活動が、中学校の入門期の授業によりスムーズに接続していくためには、地域の小中学校間で授業見学や実践交流を進めていくとよいでしょう。小中連携には、教師だけが交流を行うタイプと児童が参観・体験するタイプの2つがあり、細かく分けると次の6つの連携の段階があります。

教師間の交流	①校区の小中の先生と外国語活動について話し合うこと
	②中学校の先生が外国語活動の授業参観に行くこと
児童が授業を見学・体験	③中学校の先生が小学校で外国語活動の授業をすること
	④児童が中学校に行き、中学生の英語の授業を参観すること
	⑤児童が中学校に行き、授業を受けること
	⑥外国語活動で小学生と中学生が交流すること

　中学校からのアプローチや協力を得ることができるならば、できれば児童が授業見学や体験できる機会を作りましょう。外国語活動に取り組むモチベーションの向上につながるかもしれません。

　教師間の交流では、小学校からは「日頃の実践の様子」「力を入れて取り組んでいること」「児童が楽しく取り組んでいる活動」「活動で困っていること」について、中学校からは「中1入門期の学習の様子」「生徒が躓きやすい点」などについて交流するところから始めるとよいでしょう。特に、言語活動などでスムーズにコミュニケーションを図ることが難しいと予想される児童やその児童がどんな場面やどんな学習において躓き、困りそうなのかについて情報交流することは、その児童にとっても中学校教師にとってもプラスになります。

　これらの連携からどのような効果が期待できるのでしょうか。例えば、互いの指導内容や活動を知り、小学校でよく行われている活動が中学校ではどのように発展するのかを交流できます。共通点が分かったら、中1ギャップを軽減させるためのヒントが見えます。実際に小学校で使ったカードなどの教材やデジタル教材を中学校でも使用したり、中学校で使うカードを小学校で先に紹介してもらうなど教材の共有化も良いでしょう。連携から様々なアイデアがうまれそうです。継続的に会議や出前授業を行えば、学校間の児童生徒の様子を知り、共通認識や連携が深められます。小学校の出前授業等で出会った先生に、中学校入学後に再会できることが楽しみになるのも、連携の素晴らしさと言えます。外国語活動が英語を好きになる、人を好きになる、人との関わりを好きになる一歩となることを願っています。

参考文献

『小学校学習指導要領』（平成 20 年，平成 29 年）

『小学校学習指導要領解説　外国語活動編』（平成 20 年，平成 29 年）

『小学校学習指導要領解説　外国語編』（平成 29 年）

『脳からわかる発達障害　子どもたちの「生きづらさ」を理解するために』（鳥居深雪／著，2009 年，中央法規出版）

『怠けてなんかない！　ディスレクシア〜読む・書く・記憶するのが困難なLDの子どもたち。（品川裕香／著，2003 年，岩崎書店）

『特別支援教育がわかる本②　通常学級でできる　発達障害のある子の学習支援（内山登紀夫／監修，川上康則／著，2015 年，ミネルヴァ書房）

『見方を変えればうまくいく！特別支援教育リフレーミング（阿部利彦／著，2013 年，中央法規出版）

監修者・編著者・執筆者

監修者　　多田　孝志

博士（学校教育学）

目白大学名誉教授・金沢学院大学教授

専門は、国際理解教育学、対話論、学習方法論。

東京都小学校教員、在外教育施設派遣教員、目白学園中学校・高等学校教諭、カナダ・バンクーバー西高校教諭等を経て、1998年より大学で教鞭を執る。

2009年目白大学児童教育学科長、2011年目白大学人間学部長等を歴任、また、青山学院短期大学、立教大学大学院、東京大学教育学部、学習院大学文学部でも講師を務める。大学で教鞭を執る一方、各地で講演や執筆活動を行う。

学会活動においては、日本国際理解教育学会会長、日本学校教育学会会長、日本グローバル教育学会常任理事、日本異文化間教育学会理事等を歴任。著書・論文も多数。

（主な著書等）

- 『学校における国際理解教育』(1997年，東洋館出版)
- 『地球時代の教育とは』(2000年，岩波書店)
- 『飛び込んでみようJETプログラム』（監訳）(2002年，東洋館出版)
- 『地球時代の言語表現』(2003年，東洋館出版)
- 『対話力を高める』(2006年，教育出版)
- 『共に創る対話力』(2009年，教育出版)
- 『授業で育てる対話力』(2011年，教育出版)
- 『持続可能な社会のための教育』(佐藤学・諏訪哲郎・木曽功・多田孝志編著)
  (2015年，教育出版)
- 『未来を拓く児童教育学―感性・現場性・共生を基調にして―』
  （目白大学児童教育学科編）(2015年，三恵社)
- 『教育のいまとこれからを読み解く57の視点』(多田孝志他編著)(2016年，教育出版)
- 中学3年生 平成26年度検定国語科教科書（教育出版）に評論「対話論」を掲載

編著者　　白石　邦彦

　元札幌市立清田小学校長
　放課後等デイサービス　ひばりん管理者
　札幌国際大学非常勤講師
　北海道教育大学札幌校卒業。札幌市立小学校に勤務し、1979年からプラハ日本人学校に3年間勤務する。帰国後、札幌市特別支援学級設置学校長協会会長、北海道国際理解教育研究協議会会長、札幌市教育研究推進事業算数主任担当校長を務め、特別支援教育、国際理解教育、算数教育に関して研究を重ねる。現在、特別な支援を必要とする子どもたちに学習支援を通してソーシャルスキルを高める指導を行っている。

＜主な共著＞
『「困り」解消！　算数指導ガイドブック』（2013年，ジアース教育新社）
『小学校外国語活動のツボ』（2014年，教育出版）
『イラスト版コミュニケーション図鑑』（2015年，合同出版）

編著者　　末原久史

　札幌市教育委員会　指導主事
　北海道教育大学札幌校卒業。札幌市立各小学校勤務後、ソウル日本人学校に勤務。帰国後、札幌市立小学校に勤務。算数教育と国際理解教育の推進役として研究に携わる。その後、現職。

＜主な共著＞
『思考・判断・表現による『学び直し』を求める算数の授業改善』（2009年，明治図書）
『「困り」解消！　算数指導ガイドブック』（2013年，ジアース教育新社）
『アイデアシートでうまくいく算数科問題解決授業スタンダード』（2013年，明治図書）他

＜執筆者＞

白石　邦彦	（元札幌市立清田小学校長）
末原　久史	（札幌市教育委員会　指導主事）
小川　　央	（札幌市児童相談所）
中嶋　秀一	（札幌市立真栄小学校　教諭）
児玉麻知子	（札幌市立あやめ野中学校　教諭）
神林　裕子	（札幌市立あいの里西小学校　教諭）
高橋　　文	（札幌市立あいの里西小学校　教諭）
高野京一郎	（札幌市立清田南小学校　主幹教諭）

編集後記

　小学校外国語活動から小学校英語への動きが見えてきた今、発達に課題を抱えている子どもたちはもちろんのこと、いろいろな「困り」を抱えている子どもたちに楽しさを味わうことのできる活動を考えていきたいと、先生たちが集まってくれました。

　特別支援学級の先生、小学校外国語活動を推進している先生、中学校で英語を担当している先生が集い、小学校外国語活動について話し合ってきました。コミュニケーションが苦手な子どもたちに、どのようにすると活動の楽しさを味わってもらうことができるのか。特別支援教育の窓口から見ていくことで、糸口が見えてきました。

　平成25年に、『「困り」解消！　算数指導ガイドブック』を「ジアース教育新社」の社長加藤勝博氏の励ましにより刊行することができました。今回も、そのシリーズの続きとして、子どもの「困り」に焦点を当てています。「Aruaru Song」の中に「困り」の原因と対策について具体的に示しています。「Aruaru Song」は、外国語活動のみならず、子どもに寄り添った指導をしていく上で大切なことが記載されています。

　私は現在、放課後等デイサービスを開設し、子どもの支援を行っていますが、一人一人の子どもを見ていると、それぞれ違った部分で「困り」を感じています。それぞれの「困り」に対応していくことが求められます。そのために、子どもを見つめ、見取り、関わり、認め、励ましていくことが、子どもの自立へと結びついていくと考えます。

　困っているのは、関わっている大人ではなく、子どもが困っているのです。どうしたらよいのかわからなくて困っている子どもたちに、「分かる喜び」「できる喜び」を味わってほしいと願っています。子どもの「困り」を感じ取ることのできる大人が必要とされています。そのために、本書が一つのヒントになることができれば幸いです。

　ぜひ、本書をヒントに、自分がかかわっている子どもたちを見ていただきたいと思います。そして、その子に合った支援を探していっていただきたいと思います。

　全国の先生たちが、一人一人の子どもを本気で見つめ、育てていく姿を願っています。

　本書を完成するにあたり、忙しい中励ましていただいた多田孝志先生、出版に向け私たちの願いを受け温かく応援してくださった「ジアース教育新社」の社長加藤勝博氏、編集の木村雅彦氏に、深く感謝申し上げます。

　この本を出版するにあたり、力を合わせた仲間たちと共に、出版の喜びを分かち合いたいと思います。

　感謝の念を込めて。

　　　　　　　　　　　　　　　　　　　　　　　　　　　　　　　白石　邦彦

「困り」解消！
小学校英語ハンドブック
──どの子も分かる楽しさを味わえる小学校英語──

平成29年9月4日　初版発行

- ■監　　修　　多田　孝志
- ■編　　著　　白石　邦彦・末原　久史
- ■　著　　　　小学校英語と特別支援教育を語る会
- ■発行人　　　加藤　勝博
- ■発行所　　　株式会社　ジアース教育新社
　　　　　　　〒101-0054　東京都千代田区神田錦町1-23　宗保第2ビル
　　　　　　　TEL 03-5282-7183　FAX 03-5282-7892
　　　　　　　E-mail : info@kyoikushinsha.co.jp
　　　　　　　URL : http://www.kyoikushinsha.co.jp/

- ■表紙カバー・本文デザイン　　土屋図形株式会社
- ■印刷・製本　　　　　　　　　シナノ印刷株式会社

Printed in Japan
ISBN978-4-86371-436-6
定価はカバーに表示してあります。
乱丁・落丁はお取り替えいたします。（禁無断転載）